Training Note α　英語長文

JN124633

はじめに

　このテキストは大学，短大の入試などに向けて読解の基礎力を身につけ，多くの英語長文を読んでみようと考えている高校生，特に２年生と３年生のために作成しています。

　英文は，読んでためになる文章，役に立つ情報を与えてくれる文章，英語の文章展開が分かる文章の３点を特に意識しながら選択しています。ジャンルは「環境」「社会」「文化」など多岐にわたります。

　実は，大学，短大の入試問題を読んでみると，私たちがテレビや新聞，インターネットなどで日常よく見たり，聞いたり，読んだりする話題が多く出題されています。皆さんが「あまり知らない」，「興味・関心がない」話題かもしれませんが，しかし，じっくり読んでみると，その内容は非常にためになる題材ばかりです。このような英語の文章を「入試のため」だけではなく「今の時代を生き抜くため」に読んでもらいたいのです。

　英語を社内の共通語として規定する日本の会社があります。会議やプレゼンテーションを英語でこなさなければなりません。このような状況を考えると，英語を読み，書く能力がどれほど重要か分かるでしょう。

　このテキストで取り上げている 25 の文章を通して，英語の論理を少しでも知り，英語の文章展開に慣れ，英語の文章に対する苦手意識を取り除き，さまざまな題材に興味を持ってより多くの英語の文章を楽しみながら読めるようになってもらいたいものです。

　すべての文章を読み終えた皆さんが「英語っておもしろいな」，「もっといろんな文章を読んでみようかな」と思ってくれることを心から願っています。

編著者しるす

本書の特色

● 25 の題材は，いろいろな大学・短大入試に出題された多岐にわたる分野から厳選しています。

●英語の苦手な生徒にも手がつけやすいように，重要な語彙には語注をつけています。

●問題文には，広告やグラフを読み取る問題や，設問には，本文の内容を正確に把握しているかチェックするための内容一致問題，文の構造を理解しながら読めているかが確認できる問題や，記述式問題などを設けています。

●読むスピードを意識できるように，目標時間と語数を表示し，p.3 に WPM の記入欄を設けています。

●解答編には，「長文を読むためのヒント」を記載し，大切な構文や長文を読み解くためのテクニックを簡潔にまとめています。

●「長文精読読解のキーポイント」では，長文を正確に読み解くためのポイントを４つに絞り解説しています。

目　次

▶	長文精読読解のキーポイント		4
①	英語の重要性	言　語	6
②	プレゼンテーションの方法	スキル	8
③	レストラン経営と音楽	科　学	10
④	グラフを読みとろう	図　表	12
⑤	アメリカ発見とコロンブス	歴　史	14
⑥	ボランティア活動	福　祉	16
⑦	都市の変化	社　会	18
⑧	人口比率と経済	社会・経済	20
⑨	女性解放と男性	社　会	22
⑩	地球と砂漠化	地球と環境	24
⑪	異文化での生活	文　化	26
⑫	医者の使命	ユーモア	28
⑬	日本とバナナ	経　済	30
⑭	資源を大切に	地球と環境	32
⑮	犬語がわかりますか？	動　物	34
⑯	航空券はいくら？	広　告	36
⑰	子どもの入院	健　康	38
⑱	睡眠の重要性	健　康	40
⑲	良い上司？悪い上司？	キャリア	42
⑳	会話と文化	会話・文化	44
㉑	少人数学級	教　育	46
㉒	感情とテクノロジー	時の話題	48
㉓	人類史上最高の発明	歴　史	50
㉔	空の旅と風邪	人体・科学	52
㉕	海外からのお客様	文　化	54

WPM表

$$\text{WPM} = \text{本文語数} \times \frac{60}{\text{読むのにかかった時間(秒)}}$$

日付	／	／	／	／	／	／	／	／	／	／	／	／	／
単元	1	2	3	4	5	6	7	8	9	10	11	12	13
語数	289	292	177	131	162	253	243	263	200	150	211	165	149
読むのにかかった時間(秒)	秒	秒	秒	秒	秒	秒	秒	秒	秒	秒	秒	秒	秒
WPM													

日付	／	／	／	／	／	／	／	／	／	／	／	／	
単元	14	15	16	17	18	19	20	21	22	23	24	25	
語数	350	173	101	479	376	288	112	264	395	142	212	418	
読むのにかかった時間(秒)	秒	秒	秒	秒	秒	秒	秒	秒	秒	秒	秒	秒	
WPM													

※ WPM とは Words Per Minute の略で，1 分間に何語読めたかを表します。

解答編：長文を読むためのヒント

1 英語の文章展開 ① ･････････････････ 2
2 ことわざ ･････････････････････････ 5
3 使役動詞 make とその仲間たち ―have, let, help など― ･･･ 7
4 図表の読みとりがある英文の読み方 ･･････ 9
5 there を用いた構文 ････････････････ 11
6 代名詞 one の働き ･･･････････････ 12
7 代名詞 this の働き ･･･････････････ 14
8 仮目的語を持つ構文 ･･･････････････ 17
9 接続詞 and の働き ･･････････････ 18
10 形式主語 It について ･･････････････ 20
11 倒置について ･････････････････････ 22
12 和訳したときの違和感 ･･･････････ 23
13 関係代名詞の継続用法 ･･･････････ 25
14 話題・題材への興味関心を広げよう ･･･････ 27
15 分詞構文の考え方 ･･･････････････ 28
16 ％は単数か複数か ･･･････････････ 30
17 英語の文章展開 ② ･･･････････････ 32
18 無生物主語と動詞 ･･･････････････ 34
19 while の働きに注意 ･･･････････ 36
20 文構造の見抜き方 ･･･････････････ 38
21 同格の that か関係代名詞の that か ･･････ 39
22 句読点に注意 ･･･････････････････ 41
23 仮定法の発見 ･･･････････････････ 43
24 無生物主語の訳し方 ･･･････････ 45
25 discourse maker について ･･･････ 46

長文精読読解のキーポイント

　入試長文問題は時間との戦いであり，要旨をすばやく読み取り，なおかつ細かい設問にも対応できる実力を養う必要がある。

精読読解法　細かい設問に対して，的確に答える

a) 構文を見抜く

☐ Reading and writing have long been **thought of as** skills supporting each other: to read is to recognize and interpret language that has been written: to write is to plan and produce language **so that** it **can** be read.

　（注）　recognize　認識する　　interpret　解釈する　　　　　　　　　〔実践女子大〕

・think of A as B「AをBとみなす」の受動態であることを見抜く。

・so that 主語 can ～「主語が～する目的で，～できるように」

　　⇒ so that 主語 can be ～「主語が～される目的で，～されるように」[受動態]

　[和 訳]　読むことと書くことは，長い間お互いに支えあっている技術だとみなされてきた。つまり読むことは書かれた言葉を認識して解釈することである。そして書くことは，それ(language)が読まれるように言葉を構想し作り出すことである。

b) 等位接続詞 and / or / but / ,(カンマ)に着目し，文の構造をきちんと把握する

☐ A proverb is a traditional saying which offers advice **or** presents a moral in a short **and** concise manner.　　　　　　　　　　　　　　　　　　　　　　　　　　　〔大阪大〕

　（注）　proverb　諺　　saying　格言　　offer　与える　　present　表す　　moral　教訓　　manner　方法

A proverb is a traditional saying which ｛ offers advice / presents a moral ｝ **or** in a ｛ short / concise ｝ **and** manner.

　[和 訳]　諺は短くて簡潔な方法でアドバイスを与えたり，教訓を表したりする伝統的な言葉である。

☐ We are only born with so much natural rhythm **and** harmony **and** we have to search for **and** develop ways of maintaining both.　　　　　　　　　　　　　　　　〔東京大〕

　（注）　develop　発展させる　　maintain　維持する　　both=natural rhythm and harmony

```
       ┌ We are only born with so much natural ┌ rhythm
       │                                        [and] │ harmony
[and] ┤  we have to ┌ search for ┐
       [and] │ develop ┘ ways of maintaining both.
```

〔和 訳〕 私たちはある一定のリズム感と調和しか持って生まれてこない。そして私たちは,
その両方を維持する方法を探り,　発達させなければならない。

c) 省略されている語句をすばやく見抜く力を養う

☐ When members of a group are working cooperatively, they can clearly accomplish
more than a single individual can. 〔関西学院大〕

(注) accomplish （仕事・計画を）成し遂げる, 果たす　　individual　個人, 個々

・文末の can の後ろに accomplish が省略されている。

〔和 訳〕 集団のメンバーが協力して働いているとき, 彼らは, 明らかに一個人が（成し遂
げることが）できる以上の成果をあげることができる。

d) 代名詞, 代動詞が何を指しているのかを, きちんと理解する

☐ Fundamentally, there are just two major food illnesses in our society: eating too much
and eating too little. **The former** is more prevalent, but **both** have steadily increased
over the past few decades, ～ . 〔東京大〕

(注) prevalent　優勢な, 一般的な　　steadily　絶えず

・The former = eating too much　　both = eating too much and eating too little

〔和 訳〕 基本的に私たちの社会には, まさに二大食事疾病がある。それは, 過食症と拒
食症である。前者（過食症）はより一般的だが, この数十年間で, 両者（過食症と拒食症）
は絶えず増えてきた。

☐ Some adults who do not go to college or university when they leave school may wish
to **do so** later in life but find they cannot because of work or family commitments or
lack of money. 〔龍谷大〕

(注) leave　卒業する　　commitment　責任, 関与　　lack　欠乏

・do so = go to college or university

cannot の後ろに go to college or university が省略されている。

〔和 訳〕 学校を卒業するときに大学に行かない大人の中には, 人生において, 後にそう
したい（大学に行きたい）と思うが, 仕事や家族の責務やお金が足りないという理由で行
けないということに気づく人がいるかもしれない。

※ほかに the latter / that of / those of / following / counterpart などもおさえておく。

POINTS

英語は中国語やスペイン語に比べて，母語とする人の割合は低いのですが，世界的に見て重要性はもっとも高い言語です。その理由は何でしょうか。著者の意見を聞いてみましょう。

Many people think that English is the most common language in the world. Is this true? If we are speaking about mother tongues, Chinese (900 million) and Spanish (330 million) come before English (320 million). However, in terms of the number of people who speak
5 English as their second or third language, English is definitely the most widely spoken. The following examples support this statement.

First of all, in international conferences (particularly academic ones), English is the main language. If the conference is especially prestigious, there are interpreters to translate the speakers'
10 presentations, but these days English is recognized as the dominant language and most participants understand it. Research papers, academic magazines and books are written mainly in English.

Secondly, the language of the Internet is English. There are innumerable homepages on the Internet, and if you want a
15 homepage to be read anywhere in the world, then it should be written in English. A large number of people whose native tongue is not English read homepages in English.

Thirdly, English is now used as the language of international business. An increasing number of companies which trade with
20 foreign companies are now using English not only outside but also inside the office, regardless of where the company is located.

Fourthly, think of the culture of young people. Movies and music are provided mainly in English. The more young people are exposed to English, the more English will become the global language.
25 At the same time, some countries are already resisting the increasing penetration of English into their culture and language. For example, the French have passed laws restricting the use of English in their language. However, the French example also shows the degree of English penetration into the nation. 〔徳島文理大―改〕

mother tongue
母語

definitely
間違いなく

conference
会議

prestigious
一流の
interpreter
通訳
participant
参加者

innumerable
無数の

increase
増加する

regardless of ～
～に関わらず

provide
与える
be exposed to ～
～に触れる
resist
抵抗する
penetration
浸透
restrict
制限する

□ **1** （　）に適切な日本語を入れ，本文の概要をまとめなさい。

中国語と（①　　　　　）を母語とする人の数は（②　　　　　　）を母語とする人の数より多いが，第2言語，第3言語の話者の数を考慮すると（③　　　　　　）は世界で最も広く話されている言語

である。第一に（④　　　　　　）などでは英語が主要な言語であり，第二に（⑤　　　　　　）の言語は英語である。第三に（⑥　　　　　　）の言語も英語，企業内でも英語を用いている。第四に，若者文化の（⑦　　　　　）や音楽は英語で提供されている。英語はますます地球語となっていくだろう。だが，（⑧　　　　　　）のように，英語のひろがりに抵抗する国が紹介されている。

□ **2**　次の日本語を参考に，各文の（　）に適切な英語を書き入れなさい。

(1) 赤ちゃんは毎日ことばに触れる。

Babies are （　　　　　　） （　　　　　　　） language every day.

(2) 赤ちゃんは，国籍に関係なく，毎日耳にすることばを身につける。

Babies, （　　　　　　） （　　　　　　　） their nationalities, learn the language they hear every day.

(3) この問題は言語獲得の観点から考えるべきだ。

This problem should be considered in （　　　　　　） （　　　　　　　） language acquisition.

□ **3**　次の日本語を参考に，各文の（　）内の語句を並べかえなさい。

(1) 母語が英語ではない人たちが困っている。

People （mother / isn't / whose / tongue / English） are in trouble.

(2) 彼らは外国企業と貿易をする会社で働いています。

They work for （which / with / trade / the companies） foreign companies.

(3) 世界では何語がもっとも有力な言語として認識されていますか。

（the dominant language / is / as / what language / recognized） in the world?

□ **4**　次の各文の（　）内の語を，意味が通るように，適切な形にしなさい。

(1) They passed the law （restrict） drunk driving.

(2) French is the most widely （speak） language on the island.

(3) The scientist wants his homepage to （read） all over the world.

□ **5**　次の英文を日本語に訳しなさい。

In those days there was someone called "truant officer," which was a kind of policeman whose job was to find children like us who didn't go to school. 〔昭和女子大〕

② プレゼンテーションの方法

語数　292語
目標　3分00秒

POINTS

プレゼンテーションは会社の会議だけではなく，高校生，大学生の授業でも求められる技術です。どのようなことに注意しながらプレゼンテーションを行えばいいのでしょうか。

A common feature of meetings is the presentation.　And in a Western-style meeting, if you give a presentation you can be sure that you will be asked questions.　Responding to questions skillfully is important in order to maintain a good image both for yourself
5　and for the content you are presenting.　Yet this can be easier said than done, since questions can come up unexpectedly.　Here are some good ways of dealing with common difficult questions you may be asked when giving a presentation.

If you are unable to answer due to a lack of information, you
10　can say: "I can answer only part of your question because of a lack of data."　Or "This question is not something I am prepared to answer at this time."　Or "I will follow up with you about that information later after I look into it."　In all three examples, the response is honest and straightforward, rather than evasive.　If
15　partial information can be given, or if you can provide information later, that should be mentioned.

If one person asks too many questions and is in danger of dominating the discussion, you can say: "Thank you for your informed questions.　They are very interesting, but I would like everyone to
20　have a chance to speak."　Or "I'll take one more question from you and I will take questions from some others also."　Or "Since we have limited time, I would like to discuss this with you afterward."

If one person succeeds in dominating the question-and-answer session, it can be unfair to the other participants.　So it's important
25　to do something if one person is asking too many questions.　These phrases all make the situation clear, while still being polite to the person asking the question.

〔駒澤大一改〕

---

feature
　特徴，特色
presentation
　口頭発表
respond
　答える
skillfully
　上手に
maintain
　維持する
content
　内容，中身
unexpectedly
　思いがけなく
deal with ~
　~を処理する

straightforward
　正直な
evasive
　責任逃れの

dominate
　支配する

participant
　参加者

□　**1**　（　）に適切な日本語を入れ，本文の概要をまとめなさい。

　一般に，会議で（①　　　　）をすると質問されるが，（②　　　　　）の場合は「一部分しか答えられない」「現段階では（③　　　　）できていない」「（④　　　　）してからお知らせします」と答えることが助言されている。また，1人が質問をし過ぎる場合は「皆さんに（⑤　　　　）の機会を」とか「（⑥　　　　）が限られていますので」の助言がなされている。以上のようなことばと質問者に対する礼儀正しい態度の必要性が述べられている。

□ **2** 次の日本語を参考に，各文の（ ）に適切な英語を書き入れなさい。

(1) その科学者は私の質問には答えなかった。

The scientist did not （　　　　　） （　　　　　） my question.

(2) 年長者に対しては礼儀正しくしなさい。

You should （　　　　　） （　　　　　） （　　　　　） your seniors.

(3) 彼は情報不足のためレポートを完成できなかった。

He could not complete the report （　　　　　） （　　　　　） a lack of data.

(4) 私たちはできるだけ早くこの問題を処理しなければならない。

We have to （　　　　　） （　　　　　） this matter as soon as possible.

(5) メアリーは京都を訪れる機会をやっと得た。

Finally, Mary got a （　　　　　） （　　　　　） visit Kyoto.

□ **3** 次の日本語を参考に，各文の（ ）内の語句を並べかえなさい。

(1) ここを出発する用意はできていますか。

(prepared / leave / are / to / you) here?

(2) あなたに宿題を手伝ってもらいたい。

I (like / to / you / would / me / help) with the homework.

(3) 暴徒たちがこのビルを占拠する危険性がある。

The building (of / in / is / danger) being occupied by the rioters.

□ **4** 次の各文の（ ）内の語を，意味が通るように，適切な形にしなさい。

(1) The party succeeded in (conquer) the summit of the mountain.

(2) Thank you very much for your (inform) report.

(3) The soccer player is great. His play is a little rough, but the game is (excite) to us.

□ **5** 次の英文を日本語に訳しなさい。

If we come across old issues of magazines from 1920s in a secondhand bookshop, we may find ourselves attracted by the advertisements as a window into history.

〔成蹊大〕

解答▶別冊P.6

POINTS

レストランや喫茶店では音楽を流していますね。あの音楽によって売上に変化はあるのでしょうか。イギリスの科学者が実験を行いました。その結果は…

Scientists in an English university are experimenting with music. They want to know what music makes customers spend money. What they did was to play different kinds of background music in a restaurant. They watched carefully and recorded what happened.

5 They found that customers spent 22 pounds on average when they played pop music. However, if they played soft, classical music, customers spent over 24 pounds. That's 10 percent more!

"According to our research, music does affect people's moods. Classical music makes customers feel rich and sophisticated," says

10 Dr. Adrian North from the University of Leicester. "They then buy luxury items, such as appetizers, desserts and coffee." Interestingly, if there was no background music, the customers spent only 21 pounds on average. They spent less because they skipped some of the luxury items.

15 James Davis owns the restaurant where the scientists carried out the research. "Sometimes I play what I like, not what the customers like," he says. "After the research, I'll be more careful. I'll use less pop music! Classical music is what I should play."

〔東京家政大〕

scientist
科学者
experiment
実験をする
customer
客
spend
使う
on average
平均して

research
研究
affect
影響する
sophisticated
高級な
luxury
ぜいたくな

1 本文の内容に合うように，次の(1)〜(5)の（　）に入る最も適切な語句をそれぞれア〜エから選びなさい。

(1) The scientists carried out the experiment in a (　　).

ア university　　　イ restaurant　　　ウ concert hall　　　エ department store

(2) They played various kinds of (　　).

ア games　　　イ roles　　　ウ background music　　エ musical instruments

(3) Customers bought more (　　) when they heard classical music.

ア salads　　　イ desserts　　　ウ gifts　　　エ main courses

(4) Customers bought (　　) luxury items when there was no music.

ア no　　　イ fewer　　　ウ more　　　エ bigger

(5) In the future, James will play more (　　) music.

ア pop　　　イ jazz　　　ウ classical　　　エ rock

□ **2**　次のア～オから本文の内容に合う文を 2 つ選びなさい。　　　（　　　）（　　　）

ア The researchers went to a coffee shop.

イ The scientists only played pop music.

ウ The customers always bought desserts.

エ Music does change a customer's mood.

オ Mr. Davis believes the researchers.

□ **3**　次の各問いの（　）内の語句を，意味が通るように並べかえなさい。

⑴ The teachers know (makes, happy, students, what book, feel).

⑵ (wants, what, to, the girl, buy) is a new CD player.

⑶ I'm going to visit the hospital (where, a nurse, the girl, as, works).

□ **4**　次の各問いの日本語を参考に，（　）内に適語を 1 語ずつ入れなさい。

⑴ この市場では，さまざまな種類の食べ物を買うことができる。

We can buy （　　　　　）（　　　　　）（　　　　　） food in this market.

⑵ この市場では，人は平均して 3,000 円使います。

People （　　　　　） 3,000 yen （　　　　　）（　　　　　） in this market.

⑶ 私たちの調査によれば，この公園の近くに 10 軒のレストランがあります。

（　　　　　）（　　　　　） our （　　　　　）, there are ten restaurants near this park.

⑷ この実験は昨年行われました。

This （　　　　　） was （　　　　　）（　　　　　） last year.

⑸ 車を運転するときは，もっと注意すべきです。

You should （　　　　　）（　　　　　）（　　　　　） when you drive a car.

□ **5**　次の英文を日本語に訳しなさい。

Their research suggests that dogs' barks have evolved into a relatively sophisticated way of communicating with humans. To see if humans can interpret what dogs mean when they bark, researchers played human volunteers 21 recordings of barking dogs.

〔学習院大〕

----

④ グラフを読みとろう

📝 **POINTS**

グラフの読みとりの問題では，グラフの特徴的な部分や変化の様子が問われることがあるので，これらの点に注意しながら読むようにしましょう。

Average Daily High/Low Temperatures in Beachpond City & Springbay City (2019)

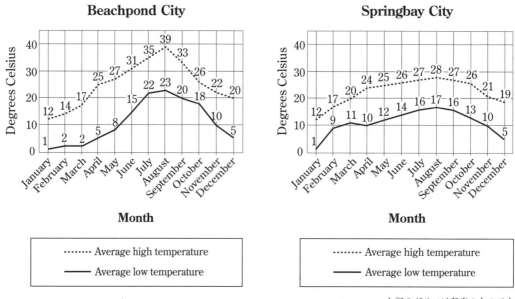

― 上記のグラフは架空のものです ―

　The above graphs show average daily high and low temperatures for each month in 2019 in Beachpond City and Springbay City. The month with the biggest high-low difference for Beachpond was (1).　In fact, 2019 was a year of record temperatures for
5　Beachpond; for the first time ever, the city saw an average high of 25 degrees or over for (2) months in a single year.　In contrast, Springbay did not break any records in 2019.　In (3) months of the year, the average low temperatures were the same for both cities.　In Springbay, January temperatures were the
10　lowest of the year, with an average low of 1 degree and an average high of 12 degrees. Springbay's highs (4) from April through August.　After October, the high temperatures declined, forming a similar curve to Beachpond's.

average
平均の

record
記録

decline
下がる

1 グラフを見て，英文の空所（ 1 ）〜（ 4 ）に入る最も適切なものを，それぞれア〜エの中から１つ選びなさい。

(1) ア March　　　　イ April　　　　ウ May　　　　エ June　　　　（　　　）

(2) ア four　　　　イ five　　　　ウ six　　　　エ seven　　　　（　　　）

(3) ア one　　　　イ two　　　　ウ three　　　　エ four　　　　（　　　）

(4) ア decreased sharply　　　　イ increased gradually　　　　（　　　）
　　ウ remained the same　　　　エ decreased, then increased

2 次の各組のCとDの関係が，AとBの関係と同じになるように，（　）内に適語を入れなさい。

	A	B	C	D
(1)	good	bad	(　　　)	low
(2)	see	saw	break	(　　　)
(3)	different	difference	wide	(　　　)
(4)	before	after	different	(　　　)

3 次の各問いの日本語を参考に，（　）内に適語を１語ずつ入れなさい。

(1) 私は初めて京都を訪れた。

I visited Kyoto （　　　　　）（　　　　　）（　　　　　）（　　　　　）.

(2) 私は肉も魚も好きです。

I like （　　　　）meat （　　　　　）fish.

(3) ウマとシマウマの違いはなんですか。

What's the （　　　　　）（　　　　　）horses （　　　　　）zebras?

(4) 母はとてもおしゃべりです。対照的に，父はとても物静かです。

My mother is very talkative. （　　　　　）（　　　　　）, my father is very quiet.

4 次の英文を日本語に訳しなさい。

Young sunflowers are sun worshippers. They grow best when they track the sun as it moves from east to west across the sky. However, the sun doesn't provide their only signals on where or when to turn: they are also guided by an internal biological clock, like the one that controls human sleep-wake cycles.

〔甲南大―改〕

⑤ アメリカ発見とコロンブス

解答▶別冊P.9

📝 POINTS

コロンブスはアメリカの発見者といわれていましたが，本当にそうなのでしょうか。どうやらコロンブス以前に「発見した」人々がいたようです。archeologists(考古学者)の話を聞いてみましょう。

When Columbus arrived in the Americas in 1492, there were already an estimated 30 to 40 million people living in North and South America. It has therefore been quite easy for some to refute the idea that Columbus "discovered" America. How and
5 when these inhabitants came to America has been the source of much scientific research and discussion.

Most archeologists agree that the first Americans, the true "discoverers" of America, came from northeastern Asia. There is also a considerable amount of proof that inhabitants have been in
10 the Americas for at least 15,000 years.

To get to the Americas, these people had to cross over the 55-mile-wide Bering Strait that separates Asia and North America. According to one theory, these people crossed over during periods when a land bridge existed between the two continents. During
15 the Ice Ages, so much of the Earth's water was frozen that the sea levels dropped, and it was possible to walk from Asia to North America.

〔城西大〕

estimate
見積もる

refute
論破する
inhabitant
住民，定住者

considerable
かなりの
proof
証拠

theory
理論
continent
大陸

□ **1** 上の文を読み，各問いに答えなさい。

(1) 次の①と②の問いに対する答えとして，本文の内容と一致するものを1つずつ選びなさい。

① What is the author's main purpose? （　　　）

ア To explain how Columbus discovered America.

イ To show how people came to America before Columbus.

ウ To demonstrate the importance of northeastern Asia to archeologists.

エ To explain how to cross the Bering Strait.

② In 1492, how many people were probably in the Americas? （　　　）

ア Fewer than 30 million. イ Exactly 30 million.

ウ 40 million or fewer. エ At least 40 million.

(2) 下線部を日本語に訳しなさい。

----

2 次の各文の意味が通るように，（ ）内から適語を選びなさい。

(1) There are some boys (playing, played) soccer in the park.

(2) There was some milk (leaving, left) in the glass.

(3) It is not easy (for, of) anyone to win a gold medal in the Olympic Games.

(4) It is very kind (for, of) her to help the old woman.

(5) The town (where, which) I was born is very small.

(6) The town (where, which) I visited last month is very small.

3 次の各問いの日本語を参考に，（ ）内に適語を1語ずつ入れなさい。

(1) このコンピューターを使うのは私には難しい。

（　　　　　　　） is difficult （　　　　　　　） me （　　　　　　　） use this computer.

(2) 川で数人の人が釣りをしていた。

（　　　　　　　）（　　　　　　　） some people （　　　　　　　） in the river.

(3) あなたが住んでいる村に行ってみたい。

I would like to visit the （　　　　　　　）（　　　　　　　）（　　　　　　　） live.

4 次の各問いの日本語を参考に，（ ）内の語を意味が通るように並べかえなさい。

(1) 今日はとても暑いから外出したくない。

It is (today, I, hot, that, so) don't want to go out.

----

(2) 彼が一人旅をするのは危険ですか。

(for, it, him, to, is, dangerous) travel alone?

----

5 次の英文を日本語に訳しなさい。

My sister and I were so excited that we could hardly speak.　　　　　〔文京女子短大〕

重要語句

□ mígrate　移住する　　　□ émigrate　（自国から他国へ）移住する　　　□ émigrant　（外国への）移民
□ ímmigrate　（外国人が）移住する　　　□ ímmigrant　（外国からの）移民　　　□ inhábit　住んでいる

✎ POINTS

ボランティア活動にはさまざまな活動があります。ここでは「私」が昨年の夏に行った活動を紹介しています。homeless という単語から分かるように，帰る家のない人たちのために働いたようです。

Last summer I was a volunteer at a shelter for the homeless, a place for homeless people to sleep at night. I wasn't working that summer. I was taking only two classes in summer school, so I had some free time.

5 Three nights a week, I helped in the kitchen of the shelter. With four other volunteers, I planned and cooked a hot dinner for 45 people. We cooked meals with vegetables, chicken, fish and fruit. The homeless people needed this good food because many of them usually didn't eat well.

10 I enjoyed this volunteer work. The other volunteers in the kitchen were interesting people. We became friends. One was a very nice elderly housewife. One was a movie actor. Another was a young teacher. And the other was a college student, like me.

I talked to a lot of homeless people at the shelter. Some of them 15 told me about their lives. Some had problems with alcohol or drugs. But others only had bad luck. One woman worked for almost 20 years for a small company. Then she lost her job. She looked and looked for a new job, but she couldn't find one. She was too old. She needed money for food, so she sold her 20 furniture — sofas, chairs, and tables. The woman still couldn't find a job. She had no money for her apartment. She had to sleep in her car. Then she had to sell her car. She was alone, afraid, and homeless. Finally, she came to the shelter.

〔城西大〕

shelter
避難所

vegetable
野菜

drug
麻薬
company
会社

furniture
家具

□ **1** 上の文を読み，各問いに答えなさい。

(1) 次の文の中で本文の内容と一致するものを１つ選びなさい。　　（　　　）

　ア There were five volunteers at the shelter for the homeless.

　イ The writer did not find this work very interesting.

　ウ The woman was so old that she didn't try to find a new job.

(2) 次の質問に対する答えを完成しなさい。

　① How many times did the writer work at the shelter for the homeless?

　　— He or she worked（　　　　　　）times（　　　　　　）week.

② Did the writer work in the morning at the shelter for the homeless?
— (　　　　　　　), he or she (　　　　　　　).

□ **2** 次の各文の意味が通るように，（　）内から適語を選びなさい。
⑴ The woman bought some (furniture, furnitures) at this department store.
⑵ I have to do some (homework, homeworks) after school today.
⑶ The artist painted a lot of (work, works) of art here when he was young.
⑷ Hurry up! There (are few times, is little time) left. The last train is about to leave.
⑸ I've lost my pen. I have to buy (one, it).

□ **3** 次の各問いの日本語を参考に，（　）内に適語を１語ずつ入れなさい。
⑴ 私には兄が２人いて，１人は長崎に，もう１人は東京に住んでいます。
I have two brothers: (　　　　　　) lives in Nagasaki and (　　　　　　)
(　　　　　　) lives in Tokyo.
⑵ 私には姉が３人いて，１人はロンドンに，もう２人はシカゴに住んでいます。
I have three sisters: (　　　　　　) lives in London and (　　　　　　)
(　　　　　　) live in Chicago.
⑶ 生徒の中にはその計画に賛成する者もいれば，賛成しない者もいる。
(　　　　　　) students agree with the plan, but (　　　　　　) don't agree with it.
⑷ このネクタイは気に入らない。別のものを見せてください。
I don't like this tie. Please show me (　　　　　　) one.
⑸ その女性は年をとりすぎていて働くことができませんでした。
The woman was (　　　　　　) old (　　　　　　) work.

□ **4** 次の英文を日本語に訳しなさい。
⑴ Some birds limit the amount of space used for nests, while some insects eat their own eggs when crowding becomes too great. 〔和洋女子短大〕
....
....
⑵ At that time, my sister and I were too young to understand exactly what my father meant. 〔文京女子短大〕
....

重要語句
□ quit a job　仕事をやめる　　□ jóbless　失業中の　　□ job sharing　分担労働　　□ emplóy　雇う
□ emplóyee　従業員　　□ emplóyer　雇い主　　□ social service　社会奉仕

❼ 都市の変化

✑ POINTS

人は年齢によって変化していきます。都市は，時代とともに変化していくものもあれば，変化しないものもあります。アメリカの都市はどうでしょうか。確認してみましょう。

American cities changed in many ways after World War II. Many people moved out of the city. They moved to the suburbs, the areas around a city. Most of the people who moved were rich. Poor people usually did not have enough money to move. They stayed in the cities.

⁵

(A) But money was only a part of the problem. Many people believed that American cities were dying. They had good reason to believe this. City streets were sadly empty. Many neighborhoods and parks were dirty and dangerous. In some places buildings were falling down. And nobody seemed to care. This was the real problem. Most of the people and businesses with money were in the suburbs. They did not care what happened to the cities.

¹⁰

(B) During the 1950s there was another important change in American cities. Businesses began to leave the city, too. They left because the people in the city were poorer. Poor people do not have much money to buy things. So many shops and restaurants moved out to the suburbs. People in the suburbs had much money to spend.

¹⁵

(C) Cities began to have many serious problems. The rich people and the businesses did not pay city taxes any more. The poor people could not pay much money in taxes. So cities had less money for schools and housing. Sometimes they could not pay their police officers or firefighters. And they could not take good care of their streets and parks.

²⁰

〔大妻女子大〕

suburb
郊外

empty
　人通りのない
neighborhood
　地域, 区域

serious
深刻な

firefighter
消防士

□ **1** 上の文を読み，各問いに答えなさい。

(1) 上のパラグラフ(A)～(C)を意味が通るように並べかえ，その順番を書きなさい。

(　　→　　　→　　)

(2) 下線部 this の内容として正しいものを**ア**～**ウ**から１つ選びなさい。 　(　　)

ア 都市の問題ではお金が重要であるということ。

イ アメリカの都市が死にかけているということ。

ウ アメリカの都市の通りは人通りがないということ。

□ **2**　次の各問いの（　）内の語を，意味が通るように並べかえなさい。

⑴　The girl (good, of, care, took) her mother.

⑵　Does the city (less, for, have, money) street children this year?

⑶　(seems, help, nobody, to) the injured dog.

□ **3**　次の各問いの日本語を参考に，（　）内に適語を１語ずつ入れなさい。

⑴　その少年は本を買うお金が十分なかった。

The boy didn't have (　　　　　) (　　　　　) (　　　　　) buy a book.

⑵　少年は町を出て行った。

The boy (　　　　　) (　　　　　) (　　　　　) the town.

⑶　私には父親を誇る十分な理由がある。

I (　　　　　) (　　　　　) (　　　　　) to be proud of my father.

⑷　その古い城には何が起こったのですか。

(　　　　　) (　　　　　) (　　　　　) the old castle?

□ **4**　次の英文を日本語に訳しなさい。

⑴　Japanese and American mothers seem to spend almost the same amount of time in caretaking activities when their babies are awake.　　　〔桜美林大〕

⑵　It seems that psychologists have cured millions of people of depression, but not necessarily made them happy — an important difference.　　　〔中央大〕

重要語句

□ city hall　市役所　　　□ máyor　市長　　　□ city planning　都市計画　　　□ constrúction　建設
□ ínfrastructure　基礎となる施設，インフラ　　　□ inhábitant　住民

19

POINTS

日本やヨーロッパなどの先進国では少子高齢化が大きな問題となっています。では，発展途上国はどうでしょうか。中近東の国々を例に取り上げ，問題点を探りましょう。

While many economically advanced countries, such as Japan, are facing an aging society, other countries face the opposite situation. In the case of countries in the Middle East region, there has been a rapid growth in the youth population.　Currently, in those
5　countries the number of people under the age of 24 is somewhere between 50 and 65 percent of the total population.　（　1　）

The obvious problem in the short term concerns the pressure on the infrastructures of those Middle-Eastern countries.　It will be difficult for the countries to offer adequate housing, schools or
10　roads.　Perhaps the biggest problem, though, is the shortage of available jobs.　（　2　）　Even those with university degrees find it extremely difficult to find a decent job.　Not only is it a waste of talent to have such high unemployment among young people, but this situation is also contributing to social instability and is leading
15　people towards having extreme political views.

Despite such problems, however, there are many economic advantages to be had from a rapidly expanding youth population. For instance, unlike the case in Europe, the U.S. or Japan, the countries in the Middle East do not face a crisis in their pension or
20　healthcare systems.　（　3　）　Moreover, the abundance of available workers in the Middle East presents companies in the region with the ability for expanded production.

The growing youth population, combined with the rising price of oil, may present the Middle East with a great opportunity for
25　economic development.　（　4　）　If that is done, the power of youth in the Middle East may lead to a transformation of the region.

〔獨協大〕

economically
　経済的に
advanced country
　先進国
face
　直面する
opposite
　反対の

infrastructure
　社会基盤
adequate
　十分な
shortage
　不足
available
　入手できる
decent
　かなり良い
unemployment
　失業
contribute
　貢献する

abundance
　豊富，多数

transformation
　変革，転換

□　**1**　本文の（1）～（4）に，A～Dの英文を1つずつ入れ，筋の通った文章にしなさい。

A. The current rate of youth unemployment in the Middle East is very high at around 25 percent.

B. This is because the taxes paid by young people can help to cover the expenditures of the elderly.

C. One key for success will be to work out the short-term problems mentioned above so that the potential of young people is not wasted.

D. This situation poses a number of problems in the short term, but at the same time provides long-term possibilities.

(1)(　　　) (2)(　　　) (3)(　　　) (4)(　　　)

□ **2** 次の日本語を参考に，各文の(　)に適切な英語を書き入れなさい。

(1) この活動は世界平和に貢献しているのだろうか。

I wonder whether this activity is (　　　　　) (　　　　　) world peace.

(2) 私たちの運動が地域の安定につながることを希望しています。

We hope our movement will (　　　　) (　　　　) the stability in the region.

(3) その新しい理論は実践と結びついていない。

The new theory is not (　　　　) (　　　　) practice.

□ **3** 次の日本語を参考に，各文の(　)内の語句を並べかえなさい。

(1) 科学者たちは気象衛星を打ち上げるのは困難だとわかった。

The scientists (it / to / difficult / found / launch) the weather satellite.

---

(2) 科学者たちにとって新しい衛星を組み立てるのは簡単なことではないだろう。

It won't (for / assemble / be / to / the scientists / easy) a new satellite.

---

(3) その衛星は私たちに宇宙について多くの情報を与えてくれるでしょう。

The satellite (us / will / with / present / a) lot of information about space.

□ **4** 次の各文の(　)内に入るものをア〜ウの中から1つずつ選びなさい。

(1) The president succeeded in starting the new business (　　　) such difficulties.
ア besides 　　　　 イ despite 　　　　 ウ though

(2) Developed countries (　　　) Japan and France should help developing countries.
ア as instance 　　　 イ like as 　　　 ウ such as

(3) (　　　) university degrees can find a decent job easily.
ア Those in 　　　 イ Those of 　　　 ウ Those with

□ **5** 次の英文を日本語に訳しなさい。

Tragically, not only is this boy seriously injured, but also the accident has a strange effect on his mind — it makes his memory perfect. 〔実践女子大〕

解答▶別冊P.17

POINTS

今や世界の人口は60億をすでに突破し，いったいどこまで増えるのか心配ですが，人口が増えると何が起きるのでしょうか。ここでは女性の役割の変化という視点から考えてみましょう。

With the population explosion, the pressure on women to marry is going to be reduced, and the pressure to be mothers is going to be enormously reduced.　For the first time in history we're not going to tell a woman that "your principal glory is to be （　①　）."

5 　By telling women that their major job was to be wives and mothers, we told most men their major job was to be （　②　）, so men often could not do the things they wanted to do most.　We always talk about （　③　） women might have had, if they hadn't had those five children.　But （　④　） looks at fathers and thinks

10 what a wonderful life he'd have had if he hadn't had those five children.

　He might have been able to paint instead of being a stockbroker. Or a musician, instead of running ⑤(inherited, store, a, he, jewelry).　When you shut women up in a home and require

15 wifehood and motherhood, you shut men up and require husbandhood and fatherhood at the same time.　As we reduce the requirements for motherhood, we reduce the requirements for fatherhood.　And we'll release a lot of people to be individuals and ⑥(to, as, contributions, individuals, make), rather than as parents.

〔玉川大〕

explosion
爆発

enormously
非常に
principal
主要な

stockbroker
株式仲買人
inherit
相続する

contribution
貢献

□ **1**　上の文を読み，各問いに答えなさい。

(1)　本文の①～④に入るものを，それぞれ**ア**～**ウ**から1つずつ選びなさい。

①　**ア** a husband and father　　**イ** a wife and mother　　**ウ** a wife and a husband

（　　　）

②　**ア** breadwinners　　　　**イ** good fathers　　　　**ウ** good teachers　　（　　　）

③　**ア** good children　　　　**イ** good husbands　　　**ウ** the wonderful careers

（　　　）

④　**ア** anybody　　　　　　**イ** everybody　　　　　**ウ** nobody　　　　（　　　）

(2)　⑤と⑥の（　）内の語を，意味が通るように並べかえなさい。

⑤　--

⑥　--

2 次の各文の（ ）内の語を，意味が通るように適切な形に直しなさい。

(1) I wish I (study) when I was young. （　　　　　　　　　）

(2) I wish he (be) here with me now. （　　　　　　　　　）

(3) If you (come) earlier, you could have seen the parade. （　　　　　　　　　）

(4) If you (have) a million dollars, what would you do? （　　　　　　　　　）

(5) Ken, it's high time you (go) to bed. （　　　　　　　　　）

3 次の各問いの日本語を参考に，（ ）内に適語を１語ずつ入れなさい。

(1) 少年は小さな部屋に閉じ込められていました。

　The boy was （　　　　　　　） （　　　　　　　） in a small room.

(2) 少年は初めて外に出ることができました。

　The boy was able to go out （　　　　　　） the （　　　　　　） time.

(3) 少年は家にいるのではなく外に出ることができました。

　The boy was able to go out （　　　　　　） （　　　　　　） staying at home.

(4) 少年は家にいるよりはむしろ外で遊ぶでしょう。

　The boy will play outside （　　　　　　） （　　　　　　） stay at home.

(5) 同時に，少年はスポーツを楽しむことができます。

　The boy is able to enjoy sports （　　　　　　） the （　　　　　　） time.

4 次の英文を日本語に訳しなさい。

　One day my dad stood up and blood poured out of his mouth. We rushed him to the hospital. The doctors said something had burst in his intestines. He was sent home, but a few days later it happened again. After the third time, the doctors said that if it happened again, it could kill him.　〔成城大〕

(注) intestine　腸

重要語句

□ percéntage　パーセンテージ　　□ bíllion　10億　　□ ráte　割合　　□ grówth　成長
□ shórtage　不足　　□ prospérity　繁栄　　□ a large〔small〕population　多い〔少ない〕人口

POINTS

> 私たちが住む地球はさまざまな問題を抱えています。中でも砂漠化は最大の問題のひとつです。その昔，アフリカは樹木が生い茂る大地だったとは，今の様子からは想像できないのですが…

Throughout the world, about 60,000 square kilometers of land become desert each year. ①This means that a huge area of land, almost equal to the islands of Kyushu and Shikoku combined, is losing productivity each year. The situation is particularly severe
5 in Africa. About one-third of the total land area is in danger of desertification, and ②this has affected nearly 80 percent of the farming population. The biggest causes of desertification are man-made, including overfarming and mismanagement of the land, and these are linked to the population explosion in developing countries.
10 In 1996, the Desertification Treaty was put into effect, and since then, a small number of countries have been moving forward with plans of action at the local level. However, worldwide awareness of desertification remains rather low, and funds are scarce. ③It remains to be seen whether or not Africa can eventually be
15 restored to its former green beauty.

〔東京経済大〕

combine
　組み合わせる
severe
　厳しい

desertification
　砂漠化

treaty
　条約
put ～ into effect
　（法律などを）発効させる
awareness
　意識

restore
　回復する

□ **1** 上の文を読み，各問いに答えなさい。

(1) 下線部①と②の this の内容として正しいものを，それぞれア〜ウから1つずつ選びなさい。

① ア 九州で毎年約6万平方キロメートルが砂漠になっていること。　　（　　　　）
　イ 九州と四国で合わせて約6万平方キロメートルの砂漠があること。
　ウ 世界で毎年約6万平方キロメートルが砂漠になっていること。

② ア アフリカの約3分の1が砂漠化の危機にあること。　　　　　　（　　　　）
　イ アフリカの砂漠化が農民に影響を与えていること。
　ウ アフリカの砂漠化は人為的なものであること。

(2) 下線部③を日本語に訳しなさい。

□ **2** 次の各問いの（　）内の語を，意味が通るように並べかえなさい。

(1) The nuclear power plant (exploding, danger, in, is, of).

-----

(2) When (put, effect, the treaty, was, into)?

-----

(3) All the students (forward, have, moving, with, been) their plans.

□ **3** 次の各問いの日本語を参考に，（　）内に適語を1語ずつ入れなさい。

(1) あの選手は能力がケンと互角だ。

That player is （　　　　　） （　　　　　　　） Ken in ability.

(2) 生徒の5分の1はケンが勝つと思っている。

（　　　　　）-（　　　　　　　） of the students are sure Ken will win.

(3) この試合はナショナルチームの選考と関係がある。

This game is （　　　　　） （　　　　　　　） the selection of the national team.

(4) ナショナルチームの一員になれるのはわずかな数の選手だけである。

Only a （　　　　　） （　　　　　　　） of players can be the members of the national team.

□ **4** 次の英文を日本語に訳しなさい。ただし，(1)は下線部のみ訳しなさい。

(1) The important question to ask yourself is not whether you like the change. <u>It simply does not matter if you like it; change will go on independent of your opinion about it.</u>

〔聖心女子大〕

-----

(2) On one of these occasions, it became clear that there was something of importance that Colonel Bradford wanted to talk about, but for some reason he was reluctant to do so.

〔東京女子大〕

重要語句

□ acid rain　酸性雨　　□ carbon dioxide　二酸化炭素　　□ óxygen　酸素　　□ deforestátion　森林破壊
□ pollútion　汚染　　□ environment　環境　　□ clímate　気候　　□ témperature　気温

語 数	212語
目 標	2分00秒

解答▶別冊P.21

POINTS

異文化での生活はとても刺激的で楽しいものですが，時には異なる文化や価値観に驚くこともあるようです。どのような生活を送ったのでしょうか。

Living in a different culture is interesting, but it can be stressful, too. Of the eighteen countries I have lived in or visited, life in Costa Rica was the most unusual. I flew from the capital San Juan to the rainforest on the east side of Costa Rica in an old, four-
5 person airplane. The airplane landed on a short, narrow piece of land between the Caribbean Sea and a river. It was really scary!

From there, I had to take a long, narrow, wooden boat to get to the lodge where I stayed. In front of the lodge was the river and behind it was the rainforest. Because it rained every day, my
10 clothes always felt a little damp. The lodge did not have a washing machine, a television or a telephone, and no hot water for showers, (   ). Every day, I caught fish from the river for dinner. From the small fishing boat, I saw caiman and turtles. The river wasn't very wide and monkeys often jumped from tree
15 to tree across it. Every night for dinner, I ate rice, fish, and tropical fruits such as bananas, papayas, and plantains.

I enjoyed staying in the rainforest, but I was very happy to return home, take a hot shower and watch television. 〔尚絅学院大学—改〕

fly
　飛行機で行く
San Juan
　プエルトリコの首都
rainforest
　熱帯雨林

lodge
　小屋

damp
　湿った

caiman
　カイマン(中央アメリカのワニ)

plantain
　プランテイン(バナナに似た果物)

□ **1**　上の文を読み，各問いに答えなさい。

(1)　次の①～⑤の英文が本文の内容と合っていればTを，合っていなければFを(　)内に書きなさい。

①　(　)　Living in another country or culture is always stressful for the writer.

②　(　)　The writer was scared because her airplane almost landed in a river.

③　(　)　The writer never felt that her clothes were completely dry.

④　(　)　The writer caught fish while swimming in the river.

⑤　(　)　The writer was glad that she visited the rainforest, but she was also happy to get back to her home.

(2)　文が自然な流れになるように，(　)に適当な語を1語入れなさい。　　　　(　　　　　)

□ **2** 次の各組のCとDとの関係が，AとBの関係と同じになるように，（　）内に適語を入れなさい。

	A	B	C	D
(1)	small	large	wide	（　　　　）
(2)	usual	unusual	advantage	（　　　　）
(3)	have	had	catch	（　　　　）
(4)	push	pull	take off	（　　　　）

□ **3** 次の各文の意味が通るように，（　）内から適切な語句を選びなさい。

(1) (Find, Finding, Found) a new apartment was difficult.

(2) I (must, have to, had to) take a train to get to school when I was a high school student.

(3) I couldn't buy anything at the store, (but, because, although) I left my wallet at home.

(4) Sapporo is the city (that, which, where) I lived thirty years go.

□ **4** 次の各問いの日本語を参考に，（　）内に適語を1語ずつ入れなさい。

(1) 私は，ワニ，トカゲ，カメレオンといった爬虫類が好きです。
I like reptiles, （　　　　）（　　　　） alligators, lizards, and chameleons.

(2) この12枚の写真の中で，この写真が一番美しい。
This picture is （　　　　）（　　　　）（　　　　） of these twelve pictures.

(3) 私たちは先週末，山でキャンプを楽しんだ。
We （　　　　）（　　　　） in the mountains last weekend.

(4) 病院は図書館と市役所の間にあります。
There is a hospital （　　　　） the library （　　　　） the city hall.

□ **5** 次の英文を日本語に訳しなさい。

Yesterday, I received a letter from my college. It said that I won a scholarship. Never would I dream that I would be able to attend the university for free.

語数	165語
目標	1分30秒

📝 **POINTS**

解答▶別冊P.23

医者は人の命を預かる大切な仕事を日々こなしています。ここに登場するクレイグ先生も使命に燃えて，ある晩の電話を受け，「患者」の家に急行するのですが，患者は実は…

　　The family party was in full swing when the phone rang.　Dr Craig answered it.　He listened carefully for a moment, then said, 'I'll come right away.'　'Do you have to go out?' his wife asked.　'If it is an urgent case, I have to go,' Dr Craig answered.　'If I should
5　be late, please don't wait up for me.'　Dr Craig drove into the night.　If I don't hurry, he thought, I might be too late.　<u>The thought</u> made him drive faster.　After driving for an hour, he arrived at a house.　All the lights were on.　If all the family is up, the doctor thought, the situation must be serious.　A woman
10　opened the front door immediately.　'Thank God you've come, doctor,' she cried.　'It's my daughter.'　A sleepy child of about six appeared in a nightdress.　'I told her,' her mother said, '"Go to bed, or I'll fetch the doctor."　See,' she shouted at the child.　'I've done it.　Here's the doctor !'

urgent
緊急の

serious
深刻な
immediately
すぐに

fetch
連れて来る

〔創価大〕

□ **1**　上の文を読み，各問いに答えなさい。

　(1)　下線部の内容を表すものを，ア～ウから１つ選びなさい。

　　ア 夜遅くに出かけなければならないということ。　　　　　　　　　　（　　　　）

　　イ 急がなければ遅れてしまうということ。

　　ウ 急がなければ家族が起きて待っているということ。

　(2)　次の①と②のア～エから，本文の内容と一致するものを１つずつ選びなさい。

　　①　ア クレイグ先生は迷ったが，結局出かけた。　　　　　　　　　　（　　　　）

　　　　イ クレイグ先生は奥さんに止められたので，出かけるかどうか迷った。

　　　　ウ クレイグ先生は急いで出かけた。

　　　　エ クレイグ先生は出かけたが，途中で道に迷った。

　　②　ア クレイグ先生が着いた家では，事態が深刻であった。　　　　　（　　　　）

　　　　イ クレイグ先生が着いた家では，子どもが病気で寝ていた。

　　　　ウ クレイグ先生が着いた家では，子どもがもう寝ていた。

　　　　エ クレイグ先生が着いた家では，子どもがまだ起きていた。

2 次の各組の文が同じ意味になるように，（　）内に適語を1語ずつ入れなさい。

(1) If you don't get up now, you will be late again.

（　　　　　）（　　　　　　）now,（　　　　　　）you will be late again.

(2) If you study harder, you will pass the exam.

（　　　　　）（　　　　　　），（　　　　　　）you will pass the exam.

(3) Must I go out now?

Do I（　　　　　）（　　　　　　）go out now?

3 次の各問いの日本語を参考に，（　）内に適語を1語ずつ入れなさい。

(1) 歓迎会は最高潮である。

The welcome party is（　　　　　）（　　　　　　）（　　　　　）.

(2) すぐに戻ります。

I'll be back（　　　　　）（　　　　　　）.

(3) 母は私を寝ないで待つ。

Mother（　　　　　）（　　　　　　）（　　　　　　）me.

(4) 明かりはすべてついている。

All the lights（　　　　　）（　　　　　　）.

4 次の英文を日本語に訳しなさい。

(1) The UN is not the "policeman" of the world. However, many other people believe that if a country cannot care for or protect its citizens then that country needs to be "policed" from the outside. 〔獨協大〕

------

(2) If environmental pollution in one country, for example, is causing death and disease in another, the international community must be prepared to act. 〔獨協大〕

重要語句

□ emérgency　緊急事態　　　□ áccident　事故　　　□ ámbulance　救急車　　　□ fire truck　消防車
□ police car　パトカー　　　□ políce　警察　　　□ patról　巡回　　　□ riot police　警察機動隊

◇ POINTS

バナナは好きですか。かつては高級な果物だったバナナも，現在ではたいへん安価になり，いつでも，だれでも食べられる果物になりました。その理由はどこにあるのでしょうか。探ってみましょう。

South America currently produces about 45 percent of the world's banana crop.　But almost all of the bananas exported to Japan are grown on Mindanao Island in the Philippines.

Bananas are an inexpensive fruit, which can be bought at
5 supermarkets for around 200 yen per bunch.　But for many years, they were considered to be a luxury fruit in Japan, and were bought primarily as gifts for hospital patients, and for festive occasions.

The status of bananas changed dramatically in the latter half of
10 the 1960s, as Japan began to import large quantities of the fruit from Mindanao Island.　Four large companies from Japan and the United States set up plantations on Mindanao around this time. These plantations have 1,500-meter-long runways for the airplanes which spray the banana orchards with herbicides.　They employ
15 thousands of workers.　Almost 75 percent of the bananas sold in Japan today come from Mindanao.

〔東京経済大〕

currently
現在
crop
生産高

festive
お祝いの

plantation
大農園
runway
滑走路
herbicide
除草剤

□ **1**　上の文を読み，次の文が本文の内容と一致するように，（　）内に入る適切なものをア〜エから1つずつ選びなさい。

(1) The price of bananas went down dramatically in Japan in the late 1960s, because (　　　　　).

ア South America began to produce large quantities of bananas

イ bananas started to be sold at supermarkets

ウ bananas were no longer appreciated as gifts

エ large quantities of bananas started to come from Mindanao

(2) Banana plantations in Mindanao were built by (　　　　　).

ア one company from two countries

イ four companies from one country

ウ four companies from two countries

エ two companies from four countries

□ **2**　次の各組のCとDの関係が，AとBの関係と同じになるように，（　）内に適語を入れなさい。

	A	B	C	D
(1)	small	large	former	（　　　　　　）
(2)	short	tall	import	（　　　　　　）
(3)	take	taken	grow	（　　　　　　）
(4)	east	west	（　　　　　　）	north
(5)	regular	irregular	expensive	（　　　　　　）

□ **3**　次の各問いの日本語を参考に，（　）内に適語を1語ずつ入れなさい。

(1) 生徒のほとんどすべてがミンダナオ島出身です。

　（　　　　　　）（　　　　　　）（　　　　　　　　　） the students come from Mindanao Island.

(2) この島ではバナナが栽培されています。

　Bananas are （　　　　　　）（　　　　　　） this island.

(3) 彼らはたくさんのバナナを貧しい人々への贈り物として買いました。

　They bought a lot of bananas （　　　　　　） gifts （　　　　　　） poor people.

(4) 何千人もの生徒が彼らに協力しました。

　（　　　　　　）（　　　　　　） students helped them.

□ **4**　次の英文を日本語に訳しなさい。

There are two major groups of professional clubs which play in either the Premier or the Football League. There are also two main competitions: the League Cup, which is based on points won, and the FA Cup, which is a knockout competition.

〔武蔵工業大〕

重要語句

□ ágriculture　農業　　□ agricúltural　農業の　　□ hárvest　収穫　　□ pésticide　殺虫剤
□ chemical fertilizer　化成肥料　　□ dáirying　酪農業　　□ fárm　農場

31

解答▶別冊P.26

POINTS

地球上の天然資源には限りがあり，永久的に使い続けることはできません。残された資源をどのように活用していくか，私たち一人ひとりにできることは何でしょうか。

The world's natural resources are being used up at an alarming rate. Not only fossil fuels such as coal, oil, and gas, but also water, wood, metals, and minerals are running low. This could have serious consequences for people on Earth. As a result, in recent
5 years, both individuals and governments have become more interested in better managing the world's resources. The problem is that, while alternative energy solutions are important, they are not always easy to put into practice. However, one way is to encourage everyone to "reduce, reuse, or recycle."

10 We must all learn to use (①) natural resources on a day-to-day basis. We can start by reducing the number of electrical items we leave plugged in, turning off the lights when we do not need them, using less water, and avoiding using cars and planes as far as possible. Of course, it is difficult to persuade people to use
15 less energy and water, and to travel less, but some cities are trying to motivate them to adopt less wasteful practices by making essentials such as electricity, water, and air travel more expensive. They do this by introducing carbon emissions taxes, which are a step in the right direction.

20 Reusing things is another way of being energy-efficient. It is often possible to restore old, unwanted objects to a state in which they can be used again. Glass bottles, for example, can be cleaned and reused. This approach does, however, often require a lot of expensive organization. There are also safety and hygiene issues,
25 such as when reusing medical equipment or food-storage items. (②), the benefits of reusing items are clear.

Most of us know that materials like paper and plastic can be recycled into new products. This uses less energy and is less harmful to the environment than (③) articles from raw
30 materials. To be sure, sorting through used materials before recycling them is a dirty and difficult job, and breaking up electronic equipment to recycle rare metals is time-consuming and

use up
使い果たす

consequence
結果

alternative
代替の

persuade
説得する

emission
排出

restore
戻す

hygiene
衛生

raw material
原料

potentially dangerous.　　But provided we understand the dangers involved, the necessity of recycling on a community scale is clear.

〔桃山学院大学〕

□ **1**　本文を読み，各問いに答えなさい。

(1)　空所①～③に入る最も適切な語をア～エの中から1つずつ選びなさい。

①　ア newer　　　　イ fewer　　　　ウ only　　　　エ better　　　　（　　）

②　ア Still　　　　イ Namely　　　　ウ Thus　　　　エ For　　　　（　　）

③　ア consuming　　イ reusing　　　ウ recycling　　エ producing　　（　　）

(2)　本文のテーマとして最も適切なものをア～エの中から1つ選びなさい。

ア how natural resources are being consumed around the world　　　（　　）

イ the reason why we need to find new energy sources

ウ people's awareness of environmental problems

エ various ways to preserve natural resources

□ **2**　次の各問いの日本語を参考に，（　）内に適語を1語ずつ入れなさい。

(1)　マコトはスペイン語だけでなくロシア語も話す。

Makoto speaks （　　　　） （　　　　　） Spanish （　　　　） （　　　　　） Russian.

(2)　子どもの数は年々減少している。

（　　　　） （　　　　） （　　　　　） children is declining year by year.

(3)　この乗り物はガソリン車より環境に対する害が少ない。

This vehicle is （　　　　） （　　　　　） to the environment than gasoline cars.

□ **3**　次の日本語を参考に，各文の（　）内の語句を並べかえなさい。

(1)　私たちにとって新しい種類の資源を見つけることは簡単なことではないだろう。

It won't (for / find / be / to / us / easy) a new kind of resources.

(2)　美しい星空をここから見ることができます。

The beautiful starry sky (be / from / seen / here / can).

(3)　問題は，外遊びをしない子どもがますます増えてきているということだ。

(is / children / that / more and more / the problem) don't play outside.

□ **4**　次の英文を日本語に訳しなさい。

The voices of the animal world are full of exaggerations about size, which animals use to scare off rivals and attract mates.

〔駒澤大学―改〕

⑮ 犬語が分かりますか？

語数 174語
目標 1分40秒

POINTS

解答▶別冊P.28

私たちの身近にいる動物，例えば犬や猫などと人間はコミュニケーションをとることができるのでしょうか。
この物語を読めばその答えが分かります。

Beatrice Klein lives in California with four dogs and two cats. She believes she can talk to ①them and understand their feelings. Some years ago, Beatrice was walking down the street when she saw a dog that looked very much like a beloved former pet that

5 had died. Suddenly, she felt that she could read the thoughts of the strange dog. She began to "talk" to it by forming mental pictures and transmitting ②them to the dog's mind. The dog, in turn, projected images back to her, she said. Although many people doubt Beatrice, a few are convinced that she has

10 communicated (③) their pets. They believe that she has found their pets by "talking" to ④them over long distances, has discovered their illnesses, and has even solved their emotional problems. One day a dog was ⑤(steal) from its owner's car. Beatrice mentally contacted the lost dog and learned that it was in a kennel, lying

15 beside a Scotch terrier. ⑥(Search) several kennels, the dog's owner found her dog exactly as Beatrice had described. 〔梅花短大〕

beloved
いとしい

project
投影する

emotional
感情的な

kennel
犬小屋

□ **1** 上の文を読み，各問いに答えなさい。

(1) 下線部①，②，④の them は何のことか，指示された語数の英語で答えなさい。

① （5語）（　　　　　　　　　　　　　　　　　　　　　　　　）

② （2語）（　　　　　　　　　　　　）

④ （2語）（　　　　　　　　　　　　）

(2) 本文の③に適語を1語入れなさい。

（　　　　　　　　　　　）

(3) 本文の⑤と⑥の語を，それぞれ意味が通るように適切な形にしなさい。

⑤（　　　　　　　　　）

⑥（　　　　　　　　　）

□ **2**　次の各問いの日本語を参考に，（　）内に適語を1語ずつ入れなさい。

(1)　彼女はおばといっしょにニューヨークに住んでいます。

　　She lives in New York（　　　　　　　）her aunt.

(2)　君の犬は私の犬に似ています。

　　Your dog looks（　　　　　　　）mine.

(3)　彼女の宝石が金庫から盗まれた。

　　Her jewels were stolen（　　　　　　　）the safe.

(4)　私が言うようにしなさい。

　　Do（　　　　　　　）I say.

(5)　彼が最初にお金を見つけました。今度は，私が財布を見つけました。

　　He found some money first. I, in（　　　　　　　）, found a purse.

□ **3**　次の各組の文が同じ意味になるように，（　）内に適語を1語ずつ入れなさい。

(1)　Because I found he was out, I went home soon.

　　（　　　　　　　）he was out, I went home soon.

(2)　Though I admit what you say, I still think you should give up your plan.

　　（　　　　　　　）what you say, I still think you should give up your plan.

(3)　When he saw the policeman, he ran away.

　　（　　　　　　　）the policeman, he ran away.

(4)　The train left Tokyo at three and arrived at Kyoto at six.

　　The train left Tokyo at three,（　　　　　　　）at Kyoto at six.

□ **4**　次の各文の下線部に注意して，日本語に訳しなさい。

(1)　<u>It being Sunday</u>, almost all the stores were closed.

....

(2)　<u>There being no taxi</u>, I had to walk home.

....

重要語句

□ communicátion　伝達，コミュニケーション　　□ convérse　会話する　　□ convéy　伝える
□ intérpret　解釈する　　□ vérbal　言葉による　　□ tóngue　言葉，舌　　□ diálogue　対話

35

POINTS

解答▶別冊P.30

航空券の料金に関する広告です。このような広告の場合，料金はもちろんのこと，割引や連絡先などの情報が記載されていることが多いので，注意しながら読みましょう。

Phoenix Airlines

Sale prices between Osaka and:

Tokyo	$90
Tainan, Taiwan	$120
Vancouver, Canada	$800
Portland, USA	$1,000
Edinburgh, Scotland	$1,300

All the prices include tax. Prices are good from March 1st to March 15th, and are for one-way economy class tickets. Round-trip tickets are twice the one-way fare. Fare for children between three and eleven is half price. Sale does not apply to business and first class tickets. Make your reservation by visiting our website. All major credit cards are accepted. Tickets can also be reserved by calling 0120−555−4649. A 10% surcharge is added to all reservations made by phone.

good
有効である

surcharge
手数料

□ **1** 広告の内容と合致しないものをア～カから２つ選びなさい。　（　　）（　　）

ア The sale prices are good for 15 days in March.

イ You can pay by credit card.

ウ You can buy a business class ticket at the sale price.

エ You will need to pay for a three-year-old child.

オ You need to pay 10% of the ticket as tax.

カ If you reserve a ticket by phone, it is more expensive than reserving it online.

□ **2** 次のような場合，それぞれのチケット代はいくらになるか，最も適当なものをア～エの中から１つ選びなさい。

(1) Jack will finish his studies in Japan and go back to Scotland. He is going to reserve a one-way ticket for March 12th to Edinburgh by phone. How much is it?

　ア $1,300　　イ $1,430　　ウ $2,600　　エ $2,860　　　　　　（　　）

(2) Kaoru is a university student. She and her friend will use Phoenix Airlines to go to Vancouver on March 2nd and come back on March 8th. They are going to make an online reservation. How much are the tickets in total?

ア $800   イ $1,600   ウ $2,400   エ $3,200   (   )

(3) A family of three, two parents and a 10 year-old girl, will take a trip to Taiwan from March 7th to 14th. How much are their round-trip tickets? The father will make a reservation on the Internet.

ア $300   イ $480   ウ $600   エ $720   (   )

□ **3**　A，Bそれぞれの空所に共通して入る前置詞を書きなさい。

(1) A　A complicated password will prevent your PC (   ) being misused.
　　B　My sister will go to Canada (   ) August 2022 to May 2023.

(2) A　Mike is older than Tom (   ) four years.
　　B　The price of gasoline is going up little (   ) little.

□ **4**　次の各問いの日本語を参考に，（　）内に適語を1語ずつ入れなさい。

(1) 半数の生徒が留学をしたがっている。
　　(   ) (   ) the students are eager to study abroad.

(2) 兄のコンピュータは私のコンピュータの2倍高い。
　　My brother's computer is (   ) (   ) expensive (   ) mine.

(3) 予約はウェブサイト上でしかできません。
　　Reservations can (   ) (   ) only on our website.

□ **5**　次の英文を日本語に訳しなさい。

Pets are incredibly well loved in America: according to a 2015 Harris survey, 95% of owners think of their animals as members of the family. About half buy them birthday presents. People who have pets tend to have lower blood pressure, heart rates and heart-disease risks than others.

〔学習院大一改〕

解答▶別冊P.31

POINTS

入院はいやなものです。大人はある程度心構えができているでしょうが，子どもは入院の知識も情報もありません。どうやって子どもたちに入院の準備をさせましょうか。

The thought of staying in a hospital is stressful for adults, but it is even worse for children. Because they have far less knowledge of hospitals, disease, and medical treatment, their imaginations can run wild with fearful images of what they may find. However,
5 children will be much better able to cope if adults take some steps to prepare them in advance.

Role-playing is a valuable, even fun, way to prepare for the hospital stay. First, the child can pretend at home to be in the hospital, and the adult can pretend to be the nurse or doctor. As
10 the "nurse," the adult can arrange the pillows and take the child's temperature. Then the pretend nurse can show the child how to ring a bell for help or turn on the television set. The nurse can set up a tray for lunch and say, "This is the way you will be served lunch in the hospital." Then the adult and child can reverse
15 the roles with the child becoming the nurse and the adult becoming the patient. When it is time for the child to enter the real hospital, she will have some idea of what to expect.

Another important part of the preparation process is discussion with the child. It is particularly important to let the child know
20 that she will not be left entirely alone in a strange place with no familiar faces. Rather, family members will be there as much as possible. The child can also bring her own toys and dolls to help her feel more comfortable in the hospital. As part of the discussion, the child must be given chances to ask questions. The
25 adults should answer the questions as honestly as possible. If the child wants to know if it will hurt, the adult should respond by saying, "Yes, it may hurt a little, but the nurse and doctor will be as gentle as possible." Then the benefits of the treatment can be explained. For example, the child can be told that it won't hurt as
30 much as it does now or that she will be able to play more after the treatment. The adult must make the child feel comfortable talking about the hospital stay.

adult
大人

disease
病気
treatment
治療
run wild
暴れる
cope
うまく処理する
pretend
ふりをする

temperature
体温

reverse
入れ替える

patient
患者

preparation
準備

familiar
なじみのある

comfortable
心地よい

respond
答える

benefit
利益

If time allows, the adult and child might visit a library for more specific information. At the library they can read children's books and view simple videos about hospitals. Books that show the internal parts of the body can be useful because the adult can use them to show the child what part of the body will be treated. It is important that explanations are given in a way that the child can understand.

Children's psychological condition deserves as much attention as their physical condition. Role-plays, discussions, and access to information all help children understand what will happen to them and keep them from imagining the worst.

〔西南学院大〕

specific
明確な

internal
体内の

explanation
説明

psychological
心理的な
deserve 〜
〜に値する

□ **1** 次のア〜シの中から本文の内容に合うものを４つ選びなさい。

( ) ( ) ( ) ( )

ア Preparation for a hospital stay will help children keep negative images in mind.

イ Even though role-plays can be expensive, adults do them because children think that role-plays are fun.

ウ Adults can make children feel comfortable in the hospital by staying at home.

エ After playing one role in role-plays, the adult and child can switch roles.

オ Role-plays offer an opportunity for the child to pretend to be at home while she is actually in the hospital.

カ Part of preparing a child for a hospital stay includes leaving her alone.

キ If the child does not have relatives, she is not allowed to bring her own toys and dolls with her.

ク The child's questions should be responded to by adults as frankly as possible.

ケ Role-plays and discussions should be done in advance, but library visits should be done at the last minute.

コ The author does not recommend showing books about the organs in the body to children who are going to the hospital.

サ It is a good idea to show videos about hospitals to the child before her actual stay.

シ One of the points of preparation is to help children form a realistic image of what they will experience at the hospital.

□ **2** 下線部の意味・内容に最も近いものを，ア〜エの中から１つ選びなさい。 ( )

ア the nurse will know something about what she can expect of the child

イ the child will learn something about the other patients in the room

ウ the nurse will be somehow aware of what the patient is like

エ the child will know something about what her hospital stay will be like

POINTS

人は1日に何時間眠る必要があるのでしょうか。また，何時間連続して睡眠を取らずに活動できるのでしょうか。不眠不休は可能でしょうか。睡眠の取り方を確認しましょう。

How important is sleep? In many cases, production in an industrial plant tends to be low on Monday. By Tuesday or Wednesday, workers seem to be "warmed up." Production is at its highest for the week. One possibility is that Friday, Saturday, and
5 Sunday nights may be spent in long and tiring entertainment. The resulting loss of sleep shows up in lower production on Monday.

Various tests indicate that loss of sleep is followed by poorer performance. It is true that very motivated people can do surprisingly well after long periods of staying awake. But they are
10 able to do so only by using up a great amount of energy.

People can lose sleep in two ways. They may go without any sleep for a long period. Or, they may sleep much less than usual for a period of several nights. In one experiment, first of all, subjects were kept awake continuously for 72 hours. They were
15 under medical care during this dangerous experiment. Even so, some fainted at the end. In another part of the experiment, the same subjects reduced the amount of their sleep from about 8 hours to about 5 hours a night for five nights. In both cases, the subjects were given tests before and after the periods of no sleep
20 or reduced sleep. Intelligence-test scores dropped 24.5 percent following a period of 72 hours without sleep. However, the scores dropped only 14.9 percent following five nights with only 5 hours' sleep each night. How much the individual swayed forward and backward when trying to stand still was also measured. After 72
25 hours without sleep, there was a 51.8 percent loss in control of bodily swaying. After five nights of 5 hours' sleep each, there was a loss of only 6.1 percent.

The amount of sleep a person needs varies with age. It also varies from individual to individual. But suppose it is absolutely
30 impossible to get normal amounts of sleep. Studies have shown that it is better to take a number of short naps than to use all available sleeping time in one period. Other studies have found

---

production
生産，生産性
plant
工場

possibility
可能性
entertainment
娯楽

indicate
示す
performance
業績
motivated
やる気のある
stay awake
目覚めている

subject
被験者
continuously
連続して
faint
失神する
reduce
減らす

intelligence-test
知能検査

individual
個人

vary
異なる

available
利用できる

that performance drops in the early afternoon.　One way of improving performance is to take a nap about halfway through the waking period.

〔近畿大一改〕

□ **1**　本文の第1段落の内容に合うものとして最も適当なものをア～エから1つ選びなさい。

ア　Low production seen on Monday results in loss of sleep.　　　　（　　　）

イ　People have a tendency to get tired by Tuesday or Wednesday.

ウ　People try to work harder to make up for the loss of sleep on Monday.

エ　Poor performance on Monday may be caused by lack of sleep on weekends.

□ **2**　本文の第3段落にある実験の結果として最も適当なものをア～エから1つ選びなさい。

（　　　）

ア　Subjects performed better on a physical test when they went without sleep for 72 continuous hours.

イ　There was no major difference on test results between cases with no sleep and reduced sleep.

ウ　The ways the subjects lost sleep had little effect on the scores of the two tests.

エ　When the subjects' amount of sleep was reduced over five nights, they showed better performance than when they went without sleep for 72 hours.

□ **3**　次のア～キから本文の内容に合う文を2つ選びなさい。　　　（　　　）（　　　）

ア　Performance is not likely to improve by the middle of the week even though people have time to "warm up."

イ　Loss of sleep affects motivated people as much as it does unmotivated people.

ウ　Intelligence-test scores are likely to suffer more when people don't sleep at all for a long period of time.

エ　After not having slept for a long period of time, people are still able to function properly.

オ　Staying awake for three days has the same effect as sleeping less for five days.

カ　People shouldn't take naps in the middle of the day or else performance will drop.

キ　Taking several short afternoon naps is helpful if you can't get a normal amount of sleep at night.

□ **4**　次の英文を日本語に訳しなさい。

It's true that the best-connected individuals at the center of the social network are more likely to be affected by an unhappy wave spreading through the network, but they are even more likely to be affected by a happy wave.　〔北海学園大〕

解答▶別冊P.35

POINTS

良い上司のもとで働きたいですよね？多くの企業では就職活動の一環で面接を行います。その際，良い上司か悪い上司かを見極めるいくつかのサインがあるようです。

Horrible bosses are too common in the workplace. In fact, one out of five workers has had a bad boss. While it's not always easy to find a boss who is a pleasure to work for, there are a few warning signs of a bad boss you can notice during a job interview:

5　1. They arrive late to the job interview without notice. When a manager shows up late to an interview without informing you, you're probably safe to assume he doesn't value your time.

2. They display poor body language. Is the manager constantly watching the clock? Did they avoid making eye contact with you

10　during the interview? This type of negative body language is a strong sign that the manager isn't interested in performing the job interview.

3. They ask illegal interview questions. If a manager asks questions about your religion, credit history, or marital status, it's a

15　good sign the manager isn't trained on ethical interview practices.

4. They ask simple interview questions. A good manager asks interview questions that challenge candidates to demonstrate their expertise. However, if the manager asks questions they could find answers to in your resume or cover letter, it's a sign they're not

20　putting effort into learning about your experience.

5. They lack a clear vision for the company. Does the manager have a difficult time explaining the company's mission culture? It could be a sign they don't know what's going on within their own company.

25　6. They can't tell you how you'd fit into organization. If you ask the manager what goals they'd have for you once hired and they can't provide a response, it's a good sign that the position you applied for isn't a priority for them.

〔北星学園大〕

horrible
ひどい

show up
現れる

marital status
配偶者の有無
ethical
道義にかなった

resume
履歴書

priority
重要なこと

□ **1**　英文を読んで，（　）に入る最も適切なものを，それぞれア〜エの中から1つずつ選びなさい。

(1)　According to the article, (　　　).

ア most workers have bad bosses　　　イ most bosses have bad workers

ウ it's common to have a bad boss　　エ it's rare to have a bad boss

(2) Of the six warning signs in the article, (　　　　　) focus on the boss's words.

ア two 　　　　　　　　　　　　　　　イ three
ウ four 　　　　　　　　　　　　　　　エ five

(3) According to the writer, questions that someone being interviewed could ask include (　　　　　).

ア "Why were you late to this interview?"
イ "How would you describe this company's mission and culture?"
ウ "Could I tell you the goals I would have for myself?"
エ "How much of a priority is this position for you?"

□ **2**　空所に入るのに最も適当なものをそれぞれ語群から選び，適切な形にして入れなさい。

(1) You should avoid (　　　　　) classes when you don't feel well.

(2) How long have you (　　　　　) in Japan?

(3) I'm not interested in (　　　　　) another foreign language.

(4) We should put more effort into (　　　　　) world hunger.

| solve |
| learn |
| be |
| attend |

□ **3**　次の日本語を参考に，各文の(　)内の語句を並べかえなさい。

(1) あなたが手の中に持っているものを見せてください。

Please (what / me / show / you / have) in your hand.

---

(2) 私は入っていいか確かめもせずにドアを開けてしまった。

I opened (if / without / the door / sure / making) I could come in.

---

(3) 私たちは一晩中踊って楽しみました。

We (wonderful / dancing / a / had / time) all night.

□ **4**　次の英文を日本語に訳しなさい。

While she is an outstanding pianist, it is extremely difficult for her to make a living as a pro.

---

⑳ 会話と文化

語 数　112語
目 標　1分00秒

解答▶別冊P.37

POINTS

ここに登場する Amish(アーミッシュ)はキリスト教の一派で，電気を使わず，車を持たず，文明をできるだけ排除し，質素な生活をしています。彼らの会話とはどのようなものでしょうか。

　　Studying conversation in different cultures at different historical moments can tell us much about those societies: where, when and why people talk, and what they talk about.　For example, there are countries and societies in which people are not allowed to talk
5 freely due to their governments.　There are ①(in which, not to, talk, communities, choose, people).　For example, some members of the Amish community in the United States communicate with each other silently, using signs, symbols and action rather than words.　They do ②this because they believe ③it is possible to reach
10 a higher level of spirituality by avoiding the misunderstandings and conflicts that are sometimes caused by language and conversation.

〔日本女子大〕

historical
歴史の

allow
許す
government
政府

spirituality
精神性

□ **1**　上の文を読み，各問いに答えなさい。

(1)　①の(　)内の語句を，意味が通るように並べかえなさい。

----

(2)　下線部②の this の内容として正しいものを**ア〜ウ**から１つ選びなさい。　(　　　　　)

ア アーミッシュが会話を許されていないこと。

イ アーミッシュがしぐさや身振りで会話をすること。

ウ 沈黙を守ることで高い超俗性に到達できること。

(3)　下線部③を日本語に訳しなさい。

□ **2**　次の各組の文が同じ意味になるように，（ ）内に適語を1語ずつ入れなさい。

(1) The conversation caused their misunderstandings.

　Their misunderstandings （　　　　　） （　　　　　） （　　　　　） the conversation.

(2) They do not allow children to play here.

　Children are （　　　　　） （　　　　　） （　　　　　） play here.

(3) The boys saw the young men enter the house.

　The young men （　　　　　） （　　　　　） （　　　　　） enter the house by the boys.

□ **3**　次の各問いの( )内に入る適切な語句をア～エから1つずつ選びなさい。

(1) (　　　　　) with last year, statistics show a 15% reduction in burglary in this area.

　ア Comparing　　　イ Compared　　　ウ Having compared　　　エ Compare

(2) (　　　　　) efficiently, one liter of gasoline will move this car at least 20 kilometers.

　ア Having used　　イ Having been used　　ウ Used　　エ Using

(3) (　　　　　) from the plane, it looks like a toy.

　ア Seeing　　　　イ Seen　　　　ウ To see　　　　エ To have seen

(4) (　　　　　) how to study, the student visited his adviser's office.

　ア Not to knowing　イ Knowing not to　ウ To not knowing　エ Not knowing

(5) (　　　　　) repeatedly in 1940 and 1941, the city of London lost many of its famous churches.

　ア Bomb　　　　イ To bomb　　　　ウ Bombed　　　　エ Bombing

□ **4**　次の英文を日本語に訳しなさい。

It is not surprising, then, that a study by the medical department of University College London has shown that some parts of the brain are larger in taxi drivers than in other people.

〔中央大〕

重要語句

□ comparative culture　比較文化　　□ comparative literature　比較文学　　□ sociólogy　社会学
□ national character　国民性　　□ tradition　伝統　　□ cústom　習慣

✐ POINTS

少人数学級と聞くと大人数学級と比べていくつかメリットがあるように思いますが，実際のところはどうなのでしょうか。アメリカでの例を見てみましょう。

Small classes are very popular with parents. Fewer kids in a room can mean more personal attention for their little ones. <u>Teachers like them, too.</u> Fewer kids means fewer tests to mark and fewer disruptions. Communities across the United States have invested enormously in smaller classes over the past 50 years. Pupil-teacher ratios declined from 22.3 in 1970 to 17.9 in 1985 and dropped to a low of 15.3 in 2008. 【ア】 But after the 2008 recession, local budget cuts forced class sizes to increase again, bumping the pupil-teacher ratio up to 16.1 in 2014, according to the most recent federal data available.

There's a general consensus among education researchers that smaller classes are more effective. The benefits of small classes have become something of an informal yardstick. 【イ】 When I have written about unrelated educational reforms, researchers often compare them to the effectiveness of class-size reductions to give me a sense of their relative impact.

But that general consensus masks some important disagreements. Experts have long known that the research evidence doesn't consistently support the notion that smaller classes increase how much students learn. In 2002, the debate about the merits of small class sizes erupted into a public spat.

Now, a new October 2018 review of class-size research around the world finds at most small benefits to small classes when it comes to reading. 【ウ】 "Class size reduction is costly," the researchers wrote, adding that the available evidence points to no or only very small effects when comparing small classes to larger classes. "Moreover, we cannot rule out the possibility that small classes may be counterproductive for some students." 〔東京福祉大学―改〕

attention
注意

decline
減少する

bump
急激に上がる

consensus
一致

yardstick
物差し

mask
覆い隠す
evidence
証拠
notion
観念
erupt into ~
急に~になる
spat
けんか

costly
お金がかかる

□ **1** 本文を読み，各問いに答えなさい。

(1) 下線部はどのような理由のためか。日本語で具体的に述べなさい。

----

(2) 【ア】〜【ウ】に以下の文を入れる場合，どこに入れるのが最も適当か。記号で答えなさい。

In math, it found no benefits at all.   (   )

□ **2** 次の各文の（　）内に右の語群から適語を選んで入れ，意味が通るようにしなさい。

(1) What do you want to （   ） in this lesson?

(2) My parents always （   ） me with my sister.

(3) The senior population continues to （   ） year by year.

(4) Do you have something to （   ） with? I need to fill in this worksheet.

| compare |
| increase |
| learn |
| write |

□ **3** 次の各問いの日本語を参考に，（　）内に適語を1語ずつ入れなさい。

(1) サリーは政治のこととなるといつも腹を立てている。

Sally is always upset （   ） （   ） （   ） （   ） politics.

(2) 私たちは山火事に対して危機感を持つべきである。

We should have （   ） （   ） （   ） danger against wild fire.

(3) ミラー先生は私に大勢の前で話すことを強要した。

Ms. Miller （   ） me to （   ） in front of the audience.

□ **4** 次の英文を日本語に訳しなさい。

Sleep is very important to humans. The average person spends about 220,000 hours of a lifetime sleeping, which is about one third of their life. Until about thirty years ago, no one knew much about sleep. Then, doctors and scientists began doing research in sleep laboratories. They have learned a great deal by studying people as they sleep, but there is still much that they do not understand.

〔阪南大―改〕

解答 ▶ 別冊P.41

POINTS

コンピュータやロボットの技術は日々進化しています。ここでは人間の表情を読みとって認識することができる技術が紹介されています。この技術のメリットと課題は何でしょうか。

People have long imagined a world where we interact with computers and robots as if they were normal human beings. Science fiction movies such as *Her* and *Chappie* show computers and robots that think and feel just like humans. While scenarios
5 like these exist only in the movies for now, we may be getting close to making technology emotionally intelligent.

The first step toward this is understanding what emotions are. It's a complicated area of study. Scientists are often unable to define emotions in exact terms, even though we generally
10 understand what people mean when they say they're sad or happy.

Back in the 1950s, few scientists studied emotion. But American psychologist Paul Ekman saw a lot of potential in this field. He began analyzing facial expressions, and compiled a list of over 5,000 muscle movements. These muscle movements combine to form
15 our different expressions. His discovery of micro expressions — facial expressions that last only a fraction of a second — allows us to read the emotions that people try to hide. A number of technology companies have now started to use Dr. Ekman's work to create software that recognizes human facial expressions. By
20 analyzing thousands of different faces, the software learns to recognize different emotions with greater and greater accuracy.

Here is an example of possible uses of emotion-sensing technology. Dr. Chieko Asakawa, a researcher at Carnegie Mellon University, has been blind since the age of 14. She has been
25 developing a smartphone app that might be able to help people with disabilities. Using the smartphone's camera and audio, the app helps the user navigate their environment. It also recognizes people's faces and facial expressions as they approach. Dr. Asakawa is working to refine the app to enable it to read people's
30 moods.

Although the idea of emotionally intelligent devices may sound fascinating, this technology can create some major challenges. The

interact
関わる

potential
可能性

fraction
短い間

accuracy
正確さ

blind
盲目な
app
　アプリケーション

refine
改良する

issue of privacy is something that many people, including Paul Ekman, are concerned about. For example, as we walk on the
35 streets, devices and scanners could record our facial expressions without our knowledge. This could allow many people to monitor or view our feelings without permission. It may leave us no control over who we share our feelings with. However, if we can negotiate these challenges successfully, there could be many
40 benefits for all of us if our devices become a little more human.

monitor
監視する

negotiate
うまく対処する

〔畿央大学―改〕

□ 1 本文の内容と合っているものを，次のア～カから3つ選びなさい。

（　　）（　　）（　　）

ア In the movies, *Her* and *Chappie*, humans acted and felt like robots.

イ With further study of emotion, we may be able to make technology emotionally intelligent.

ウ Technology companies are now trying to create software that can recognize different emotions accurately.

エ Dr. Chieko Asakawa has been developing a smartphone app which makes use of emotion-sensing technology.

オ Emotion-sensing technology hasn't created any problems that we need to worry about.

カ One of the benefits of emotion-sensing technology is that many people can record our facial expressions without our knowledge.

□ 2 次の英文を日本語に訳しなさい。

Cooperation is one of the most important abilities for any social species. From hunting to breeding and to raising their young, it has allowed many animals — including humans — to survive. As we better understand the details of how animals work together, researchers have been trying to understand the different ways animals cooperate and the thinking abilities required for these group activities.

〔福岡大―改〕

解答▶別冊P.42

POINTS

私たち人類はこれまでさまざまなものを発明してきました。テレビ，コンピューター，ロケットなどすばらしい発明品もあれば，兵器などの悲しむべき発明もあります。さて，ここで登場するのは何でしょう？

What is the greatest invention of the past 2000 years? My vote is for airplanes, an invention that realizes our old myths. Prehistoric humans found ways of overcoming water and earth with the inventions of boats and the wheel. The conquest of air
5 did not begin until the twentieth century.

We can now meet other people anywhere in the world in less than a day's travel. Thus things foreign and strange have become familiar. But in my view the actual intermingling of people has been the most important development.

10 Furthermore, airplanes have caused a global change in how we distribute food and other resources. Humans are now bound together in a worldwide economy driven by our interdependence. Even two hundred years ago no one could have foreseen just how far this process of resource exchange has gone today largely
15 because of airplanes.

〔学習院大〕

realize
　実現する
prehistoric
　有史以前の
conquest
　征服

intermingle
　混ざり合う

distribute
　分配する
interdependence
　相互依存

□ **1**　上の文を読み，各問いに答えなさい。

(1) 次のア～オの文が本文の内容と一致する場合はTを，一致しなければFを（　）内に書きなさい。

ア（　　）The writer thinks the airplane is the greatest invention of all.

イ（　　）We were able to overcome air, earth and water at the same time.

ウ（　　）We were able to fly for the first time in the nineteenth century.

エ（　　）Airplanes have made many unfamiliar things familiar to us.

オ（　　）Airplanes have made it possible for us to interact with many people.

(2) 下線部を日本語に訳しなさい。

□ **2**　次の各組のＣとＤの関係が，ＡとＢの関係と同じになるように，（　）内に適語を入れなさい。

	A	B	C	D
(1)	examination	examine	invention	（　　　　）
(2)	one	first	twenty	（　　　　）
(3)	take	taken	（　　　　）	bound
(4)	depend	dependence	（　　　　）	conquest

□ **3**　次の各問いの日本語を参考に，（　）内に適語を１語ずつ入れなさい。

(1) 紙を作る方法を知っていますか。

Do you know the（　　　　　）of（　　　　　）paper?

(2) 私が呼んで初めてケンはここに来た。

Ken did（　　　　　）come here（　　　　　）I called.

(3) 彼は１時間かけないでこの本箱を作った。

He made this bookcase in（　　　　　）（　　　　　）an hour.

(4) すべての人が平和のうちに結びつけられている。

All people are（　　　　　）（　　　　　）in peace.

□ **4**　次の英文を日本語に訳しなさい。

　In the last hundred years cars have gradually become widely accepted as an essential part of our daily lives. But unless we live in a distant country area, perhaps many of us could do without a car. Cars are, in any case, expensive to run. And, in cities at least, it is often quicker and healthier to walk — or cheaper to take the bus.

〔大東文化大〕

重要語句

□ méans　手段　　　□ méthod　方法　　　□ impróve　改良する　　　□ ínnovate　刷新する
□ realizátion　実現　　　□ discóvery　発見　　　□ scientific experiment　科学実験

語数 212語
目標 1分50秒

解答▶別冊P.44

POINTS

私たちは飛行機を利用して移動しますが，なぜか飛行機の旅で風邪をひくことがよくあるようです。原因はどこにあるのでしょうか。それが分かれば次回の空の旅に生かすことができるのですが…

Traveling on planes significantly increases the chances of catching a cold. A study by scientists in the United States has found one in five passengers becomes ill after flying. And the figure may be even higher for people who take long-haul flights.

5　The scientists believe a wide variety of factors, including traveling with a large number of people, may be to blame. Professor John Balmes's team examined 1,000 passengers. They found that one in five passengers reported developing a cold within one week of flying. Women reported more colds than men. The

10　scientists were originally trying to identify whether the type of ventilation used on planes increased the risks of catching cold. However, their study showed that there was little difference between passengers who traveled on planes which recycled air and those on planes with a fresh air supply. That led scientists to

15　suggest other factors may be to blame for high infection rates. Professor Balmes said: "It may be that just being on a plane, packed with a lot of people is the primary factor, or maybe traveling is the issue — changing time zones and losing sleep have been documented to increase rates of viral infections. My best

20　advice is to wash up after shaking hands and avoid touching your nose."

〔獨協大〕

significantly
はっきりと

long-haul
長距離輸送の
factor
要因

originally
初めは
ventilation
換気

infection
感染

document
立証する
viral
ウイルス性の

□ **1**　上の文を読み，本文の主旨として適切なものをア～エから１つ選びなさい。

（　　　　　　）

ア　空の旅をすると風邪をひく人が多いのは，航空機内の空気が十分清浄されず，汚い空気が蔓延（まんえん）してしまっているためだと判明した。

イ　空の旅をすると風邪をひく人が多いのは，実は時差や睡眠不足が原因であることが明らかになった。

ウ　風邪をひいた人の５人に１人は，１週間以内に航空機を利用していることがはっきりした。

エ　空の旅をした２割の人々が，旅行後１週間以内に風邪をひいていることが判明したが，その原因ははっきりしていない。

□ **2**　次の各文の（　）内の語を，意味が通るように適切な形に直しなさい。

⑴　Please avoid (touch) the uniforms.

（　　　　　　　　　　　　　　）

⑵　They tried (win) the race, but they couldn't.　I feel very sorry for them.

（　　　　　　　　　　　　　　）

⑶　They had some chances of (win) the race, but fortune didn't smile on them.

（　　　　　　　　　　　　　　）

⑷　All the members hugged one another after (shake) hands.

（　　　　　　　　　　　　　　）

□ **3**　次の各問いの日本語を参考に，（　）内に適語を1語ずつ入れなさい。

⑴　生徒の3人に1人が留学をしたがっている。

（　　　　　）（　　　　　）（　　　　　　　） students is eager to study abroad.

⑵　君が悪いんだ。

You （　　　　　）（　　　　　）（　　　　　）.

⑶　どうして彼はそんなことをする気になったのか。

What （　　　　　） him （　　　　　）（　　　　　） such a thing?

⑷　彼の計画と私の計画にはほとんど違いがなかった。

There was （　　　　　）（　　　　　） between his plan and mine.

□ **4**　次の英文を日本語に訳しなさい。

A researcher at the University of California at Berkeley recently made a study of the nation's walking habits and concluded that 85 percent of people in the United States are essentially sedentary, and of them, 35 percent are totally sedentary.

（注）　sedentary　座りがちの，ほとんど体を動かさない　　　　　　　　　　　　　　〔学習院大〕

重要語句

□ vírus　ウイルス　　　□ transmíssion　感染, 伝染　　　□ inféct　（病気を）うつす　　　□ términal　末期の
□ prescribe medicine　薬を処方する　　　□ medicátion　薬物治療　　　□ páin　痛み

POINTS

外国から友人が日本人のあなたを訪ねてきたとします。また，その友人を案内してまわることになったとします。さて，どんなことに注意すればよいのでしょうか。確認してみましょう。

Having overseas guests can be a wonderful experience. It is especially pleasing if your guests had previously shown you great kindness when you went abroad. Naturally, you want to return the favor by showing them around your country. Being an English
5 speaking tour guide for them, however, is not an easy task. It requires ①certain kinds of preparation, especially in terms of food, information, and language.

First, make sure you understand your guests' food preferences and restrictions. For instance, when your friends say they are
10 vegetarians, do not automatically assume that they can eat *soba* or Japanese buckwheat noodles. My vegetarian friends will not eat *soba* if the soup has been made with a fish base.

Another important thing to remember is to gather all the basic information about the place you will be visiting. Once in
15 Tsurugaoka Hachimangu Shrine in Kamakura, my American guests asked why many people were taking pictures under a gingko tree. I explained, "That is where a shogun was killed by his nephew many years ago, under that tree." This answer was inadequate and brought out a series of questions, "Which shogun? What was
20 the name of the nephew? In what year? Why under a gingko tree?" I was embarrassed and quickly admitted that history was never my strong subject. This experience taught me several important things. Your guests will be curious and have lots of questions to ask. Everything is new to them! On the other hand,
25 you take lots of things for granted about your own country.

Finally, the way English is used in Japan can lead to misunderstandings. When I was in college, I took a group of international students to Hakone. I told them to buy a "Hakone Free Pass" to save money. It was a special fare for unlimited ride
30 on various types of public transportation in the area. My friends looked greatly confused and asked why they had to pay for the pass when it was "free". The railroad company called it a "Free

overseas
海外の
previously
以前に

in terms of ～
～の点から

preference
好み
restriction
制限，制限条件

gingko tree
いちょうの木

inadequate
不十分な

embarrass
まごつかせる

curious
好奇心おうせいな

save
節約する
transportation
交通機関
confused
困惑した

Pass" in the sense that ②you are free from standing in line to buy tickets every time you take a bus or train. "Free" only meant "free

35 of charge" to my friends, and therefore they were really confused.

A package tour is a very cheap and convenient way for your guests from abroad to travel in Japan. But if you show them around personally, your guests will gain knowledge about Japan through your perspective, which adds so much more to their

40 cultural experience.

perspective
観点

〔札幌学院大〕

□ **1** 本文を読み，各問いに答えなさい。

(1) 筆者は下線部①で「ある種の準備」と述べ，3点挙げているが，その3つを日本語で簡潔に述べなさい。

----

(2) 下線部②を日本語に訳しなさい。

----

(3) 次のア～ケから，本文の内容と一致するものを3つ選びなさい。

(　)(　)(　)

ア Just because you belong to a particular culture, you will not necessarily be a good tour guide.

イ The writer thinks that it is not always important to learn in advance about what kinds of food your guests will be able to eat.

ウ Visitors to Japan won't ask you so many questions because everything will be familiar to them.

エ Traveling in a package tour is more expensive for visitors to Japan than traveling privately.

オ The writer thinks that you should prepare as much as possible before you show your overseas guests around your country.

カ It was easy for the writer to explain why so many people take many pictures under a gingko tree in Tsurugaoka Hachimangu Shrine in Kamakura.

キ The writer was once surprised by the curiosity of his guests, and realized how little he knew about his own country.

ク The writer was pleased to talk with his American friends about the ancient history of Japan.

ケ The writer's friends had no problems when traveling in Hakone.

装丁デザイン　ブックデザイン研究所
本文デザイン　未来舎

本書に関する最新情報は, 小社ホームページにある**本書の「サポート情報」**をご覧ください。(開設していない場合もございます。)
なお, この本の内容についての責任は小社にあり, 内容に関するご質問は直接小社におよせください。

高校 トレーニングノートα 英語長文

編 著 者	高校教育研究会	発 行 所	受験研究社
発 行 者	岡 本 泰 治		
印 刷 所	寿 印 刷	Ⓒ 株式会社 増進堂・受験研究社	

〒550-0013 大阪市西区新町 2 丁目19番15号
注文・不良品などについて：(06)6532-1581(代表)／本の内容について：(06)6532-1586(編集)

注意 本書を無断で複写・複製(電子化を含む)
　　 して使用すると著作権法違反となります。

Printed in Japan　高廣製本
落丁・乱丁本はお取り替えします。

❶ 英語の重要性 　　　　　　　　(pp.6〜7)

📝 解答

1 ①スペイン語
②英語
③英語
④国際会議
⑤インターネット
⑥国際的な事業
⑦映画
⑧フランス

2 (1) exposed to
(2) regardless of
(3) terms of

3 (1) People (whose mother tongue isn't English) are in trouble.
(2) They work for (the companies which trade with) foreign companies.
(3) (What language is recognized as the dominant language) in the world?

4 (1) restricting
(2) spoken
(3) be read

5 当時は「無断欠席生徒補導員」と呼ばれる人がいた。これは，私たちのように，学校に行かない子どもたちを見つけるのが仕事の警官のようなものだった。

🔍 解説

1 長文の要約はパラグラフを順番にたどりながら，各パラグラフのトピックセンテンスを確認することによって，かなりまとまる。特に，この長文は，〈長文を読むためのヒント〉でも説明するが，discourse marker によってトピックセンテンスが示されているので，各パラグラフの全文を読むまでもなく，discourse marker の後に続く文を確認すると簡単に要約できる。ではその discourse marker とは何か。答えは First of all, Secondly, Thirdly, Fourthly である。これらの直後の文章はパラグラフそれぞれのトピックセンテンスを導いている。したがって，それらの文を確認すれば今回の要約は完成できる。①〜③は第1パラグラフでの英語，中国語，スペイン語を母語とする人の数，あるいは第2言語として英語を使用する人の数の問題である。第3文でその数が紹介されているが，

ここから①と②が埋められる。③は第4文 English is definitely the most widely spoken から答えがわかる。④は「第一に」と書かれているから，第2パラグラフの First of all の直後に注目する。⑤は第3パラグラフの Secondly の直後を見よう。the language of the Internet is English とある。⑥は第4パラグラフで English is now used as the language of international business とある。⑦は第5パラグラフの第2文で Movies and music are provided mainly in English. と説明されている。⑧は第6パラグラフの第2文で the French have passed laws restricting the use of English から「フランス」が正解となる。フランス語が正答でないのは「抵抗する国が紹介されている」となっているからだ。

2 (1)は expose の語法の問題である。A exposes B to C. で「AはBをCにさらす(触れさせる)」を意味するが，Bを主語にすれば B is exposed to C by A. で「BはAによってCに触れさせられる」→「BはCに触れる」となる。(2)は「〜に関係なく」をどのように表現するかが問題。今回の長文では regardless of 〜 が用いられている。(3)は「〜の点から」は in を用いるのが前提であるから in terms of 〜 が正解となる。

3 (1)は「母語が英語ではない人たち」を関係代名詞 whose で表現することが問題となっている。関係代名詞 whose は下記のような語順，形で用いる。

〔先行詞＋whose＋名詞＋主語＋動詞 〜 〕

I can see the old church whose door you repaired last year.
「あなたが昨年扉を修理した古い教会が見えます」

〔先行詞＋whose＋名詞＋動詞 〜 〕

I know the student whose mother is a famous singer.
「母親が有名な歌手である学生を知っている」
この語順にしたがえば whose mother tongue isn't English となる。mother tongue で「母語」の意味である。覚えよう。(2)も関係代名詞の問題である。「会社に勤める」は work for a company，「〜と貿易する」は trade with 〜 である。(3)は「〜として認識されている」の問題。be recognized as 〜 の語順となる。

ひっぱると，はずして使えます。

1

(1)は「酔っ払い運転を規制する法律」というときに restrict をどのような形にするかである。「その法は～を規制する」なら The law restricts ～ となる。「～を規制する法」なら the law which restricts ～ である。ここから考えると the law restricting drunk driving となる。逆に，(2)は「もっとも話されている言語」を the language which is most widely spoken と考えることができる。したがって spoken が正解となる。(3)は want の語法の問題。want A to do ～ で「Aに～してもらいたい」が一般的な語法である。では，ここで The scientist wants his homepage to read all over the world. とした場合の問題点を考えてみよう。want A to do ～ でのAと to 不定詞の関係は「Aが～する」と能動的な意味を持つ。この文でのAとは his homepage である。この文が正しければ「ホームページが読むことを希望する」となり，矛盾が生じる。つまり，ホームページは読まれる側であり，読む側ではない。この文は「科学者は自分のホームページを読んでもらいたい」であり，「Aが～されるのを望む」とすべきである。そのためには〔want A to be done〕の形を用いる。したがって read を be read とするのが正解となる。

❺ ここでのポイントは whose の語法である。❸ の(1)で説明したことを利用すると〔先行詞＋whose＋名詞＋動詞 ～〕の語順を policeman whose job was to find children に見つけることができる。「子どもを見つけるのが仕事の警官」の意味である。in those days で「当時」の意味。a kind of ～ で「ある種の～」。文の最後に出てくる children like us who didn't go to school の who は関係代名詞だが，先行詞は us ではなく，children である。children who didn't go to school like us では誤解が生じるため，本文のような children like us who didn't go to school の語順になっている。

全訳 英語は世界で一番普及した言語であると多くの人が思っている。これは本当だろうか。もし私たちが母語について話しているのならば，中国語（9億人）とスペイン語（3億3千万人）は英語（3億2千万人）よりも上である。しかしながら，第2言語，あるいは第3言語として英語を話す人の数からすると英語は明らかにもっとも広く話されている言語である。これを立証するのが次の例である。

第一に，国際会議（特に学術会議）では英語が主要な言語である。もし会議が特に一流のものならば，発言者の説明を翻訳する通訳がいるが，最近では英語がもっとも有力な言語として認識されており，たいていの参加者はそのことを理解している。研究論文，学術誌，そして本は主として英語で書かれている。

第二に，インターネットの言語は英語である。インターネット上には無数のホームページがあり，もしホームページを世界中で読んでもらいたい場合は英語で書かれていなければならない。母語が英語ではない多くの人が英語のホームページを読むのである。

第三に，英語は現在，国際的な事業での言語として使われている。外国企業と取引をするますます多くの会社が，どこに会社があるのかに関係なく会社外部だけではなく会社内部でも英語を使っている。

第四に，若者の文化を考えてみて下さい。映画や音楽は主に英語で提供される。若者が英語に触れれば触れるほど英語はますます世界語となるだろう。

けれども，英語が自国の文化と言語の中に浸透の度合いを増していくのに対してすでに抵抗している国も中にはある。例えば，フランス人はフランス語の中で英語を使用するのを制限する法律を可決した。しかしながら，フランスの例はまた，英語が国家の中に浸透している程度を示してもいるのである。

┌─ 💡 長文を読むためのヒント ❶ ─┐
《英語の文章展開①》

英語の文章には，その他の言語のように，小説，詩，新聞記事，日記などもあれば，論説文などもあり，それぞれの文章の種類によって書き方に特徴があります。

さて，今回の「英語の重要性」は論説文の仲間に入る文章です。では，論説文の書き方とはどのようなものなのか，その特徴をこの文章で確認してみましょう。その際に，特に，discourse marker「談話標識」と呼ばれる語句やパラグラフ展開に注目しながら見てみましょう。

まず，英語の論説文は「導入」「本論」「結論」の順序で書かれていなければなりません。ここでは第1パラグラフが導入部分です。その第1パラグラフ第1文で著者は「英語が最も一般的な言語」と切り出した上で，Is it true? と読者に問いかけます。このような第1,2文は hook と言って，読者を「釣り針で引っかける」役目を果たしています。これで読者が関心を持ち，読み続けるようにするための仕掛けなのです。次に著者は中国語とスペイン語を紹介し，話者の数を英語と比較しながら，English is definitely the most widely spoken と説明します。その最後に，The following examples support this statement. と述べています。実は this statement と は English is definitely the most widely spoken のことなのですが，論説文では，著者はある主張をした場合はそれを証明しなければなりません。その証明は主観的なものではなく，場合によっては数字やグラフをともなった客観的な証明でなければなりません。そこで，この著者は The following examples support this statement. と述べ，第2パラグラフ以下で複数の具体例を示すことにしたのです。そして，この第2パラグラフ以下が本論となります。

もうおわかりでしょうが，第2パラグラフ以降は各パラグラフの最初に注目すれば，著者の取り上げる具体例が見えてきます。著者は自分の主張の正しさを証明するために First of all, Secondly, Thirdly と順序良く列挙していきます。このような整然とした順序だった文章展開も論説文の著者には求められることです。このような first や secondly などを discourse marker「談話標識」と言います。これは著者の主張がどのように展開されているかを示す記号と考えましょう。これをたどることで読者は著者の主張を追うことができるのです。

なお，順序で大切なことは First に始まり，最後は Finally とすることを覚えておきましょう。今回の長文ではその形式はとっていません。Fourthly と書かれていると，読者は Fifthly や Sixthly と続くものと予測することになります。そこで Finally を用いることで，著者は自分が列挙することが「これで最後です」と読者に示すことができます。

また，今回のように順序を示す first などを用いた場合，その直後に著者の一番言いたいことが書かれることになります。したがって，読者が著者の主張を簡単に知りたいとか要約したい場合は，これらの first や secondly などの直後だけを拾い読みするだけでも大まかに著者の主張を確認することが可能です。

最後に，At the same time を紹介しておきます。これは一般に「同時に」の意味でよく用いられますが，実は「けれども」の意味も持っています。これも discourse marker の1つです。著者は英語が世界でもっとも広く話されている言語であることを証明しますが，それで「決着がついた」とはせず，英語の浸透に反発する国の存在を説明するのです。その反論の冒頭に At the same time を用いているのです。

以上のように，著者が discourse marker を用いながら，自分の主張をどのように展開するのか，導入，本論，結論とパラグラフ展開など

についてここで学んでください。そして，これ以後の文章ではどのようになっているかを確認してみてください。

ただし，この長文では，最後のパラグラフが著者の結論であるかどうかは「不明」としておきます。理由はこのパラグラフが第1パラグラフで述べられている English is definitely the most widely spoken への反論的な位置付けとなっているからです。結論は著者の最も強く主張したいことをまとめて述べる部分ですが，このパラグラフが結論では第1パラグラフとの整合性がないからです。また，入試では，文章すべてではなく，一部を引用する形式で問題として用いられることがあることもあります。つまり，今回の長文も文章すべてを用いていない可能性があるのではないか，と考えられます。

❷ プレゼンテーションの方法 （*pp.8〜9*）

☑解答

1 (1)プレゼンテーション
(2)情報不足
(3)準備〔答える準備が〕
(4)調査
(5)発言〔質問〕
(6)時間

2 (1)respond to
(2)be polite to
(3)because of〔due to〕
(4)deal with
(5)chance to

3 (1)(Are you prepared to leave) here?
(2)I (would like you to help me) with the homework.
(3)The building (is in danger of) being occupied by the rioters.

4 (1)conquering
(2)informed
(3)exciting

5 もし私たちが古書店で1920年代の古い雑誌を見つけたとすると，私たちは歴史を見る窓のような広告に魅入られているということに気がつくかもしれない。

解説

1 ①第1パラグラフ第2文で if you give a presentation you can be sure that you will be asked questions とある。ここから判断して空欄を埋める。(2)と(3)は第2パラグラフ第1文から考えよう。If you are unable to answer due to a lack of information と始まり，I can answer 〜 や This question is not something… とある。ここから「情報不足」や「準備」ということばを考えることができる。(4)は第2パラグラフ第3文を利用しよう。after I look into it とあるから「調査」が適切と考えられる。(5)は第3パラグラフから考える。第2文の後半に I would like everyone to have a chance to speak とある。つまり「全員に発言の機会を」となる。(6)は第3パラグラフ第4文で we have limited time とある。ここから「時間が限られている」となる。

2 (1)did not answer では空欄が1つあまることになる。本文の第1パラグラフ第3文の出だしで Responding to questions とある。(2)は本文の最後の文で being polite to the person と書かれている部分を利用しよう。(3)の「情報不足のため」は，本文に due to a lack of information とある。「〜のために」は because of 〜 以外に thanks to や owing to などもある。(4)の「処理する」は deal with が一般的である。(5)の「〜する機会」は an opportunity to do 〜 がよく用いられるが，ここでは a（　）（　）visit とある。したがって opportunity は正解にはならない。

3 (1)は「〜する準備ができている」だから be ready to do 〜 が思い浮かぶだろう。しかし，本文の第2パラグラフ第2文に I am prepared to answer とある。これを用いれば Are you prepared to leave の語順が理解できるだろう。(2)の「Aに〜してもらいたい」は〔want A to do 〜〕が一般的な語法だが，ここには want はない。would like なら〔would like A to do 〜〕の語順となる。would like to help では I would like to help you の語順で「あなたを助けたい」となって me の行き場がない。(3)は「〜する危険性がある」に注目しよう。be in danger of doing 〜 の形で「〜する危険性がある」となる。occupy は「占領する」の意味を持つ。

4 (1)は succeed の語法の問題。succeed in doing 〜 で「〜するのに成功する」の意味。in は前置詞。前置詞の後の動詞は動名詞にするのが基本である。(2)は Thank you for 〜 . で「〜をありがとう」の意味。問題は for の後である。Thank you for your report. で「報告書をありがとう」と考える。inform は「知らせる」などを意味する動詞である。では informed は何か。これは過去分詞から形容詞になった単語と考えると，informed で「詳しい」の意味がある。文全体で「あなたの詳しい報告書，ありがとう」となる。(3)の excite は「興奮させる」を意味する。第1文では「そのサッカー選手はすごい」と賞賛している。その試合が私たちにとって「刺激的で」あると考える。exciting なら人に対して興奮という刺激を与える側，excited なら興奮という刺激を受ける側となる。このように考えを進めると exciting が正解となる。

5 come across 〜 で「〜にばったり出くわす」の意味。ここでの issue は名詞で「…号」の意味だが，old issues で「古い号」とは，ある雑誌の昔の出版された号のことと理解する。secondhand bookshop は「古書店，古本屋」

である。ここでの一番の問題は〔find＋A＋〜（形容詞／現在分詞／過去分詞）〕で「Aが〜であることがわかる」を意味する。したがってfind ourselves attractedとは，古書店で発見した古い雑誌に掲載されている広告を見ていて，当時の様子を知り，それに興味を引きつけられていることに気づく，ということである。

全訳 会議に共通している特徴がプレゼンテーションである。それに，欧米式の会議では，プレゼンテーションを行えば必ずや質問を受けることになる。あなた自身とプレゼンテーションの内容両方にとって良いイメージを維持するためには，質問に上手に答えることが重要である。しかしながら，これは言うは易く行うは難しである。というのは，質問は思いがけなく出てくる可能性があるからだ。プレゼンテーションを行う場合に，尋ねられる可能性がある，ありふれた難しい質問を処理するよい方法をいくつか挙げておこう。

もし情報不足のために答えられない場合は次のように言ってごらんなさい。「データが不足しているため，質問の一部分だけしか答えられません」，あるいは「この質問は今回は答える準備をしているものではありません」あるいは「その情報につきましては，お調べしたあとでご連絡いたします」と。この３例すべてにおいて，返事は言い逃れではなく，むしろ正直で率直なものだ。もし情報が部分的に提供されるか，あるいは，あとで情報を提供できるのであれば，そのことは言うべきである。

もし一人の人があまりにも多くの質問をして討論を独り占めにする危険性がある場合は次のように言ってごらんなさい。「内容の濃いご質問をしてくださり，ありがとうございます。非常に興味深いのですが，会場の皆さんにお話をする機会をお持ちいただきたい」あるいは「あなたからはもう１つ質問をいただき，他の方からも質問を受けたいと思います」あるいは「時間が限られておりますので，あなたとは後ほどこのことについてお話をさせていただきたいと思います」と。

もし一人の人が質疑応答を独占するようであれば，他の参加者に不公平になる可能性がある。したがって，一人があまりにも多くの質問をする場合は手を打つことが重要である。ここにあげたことばで状況が明らかになり，その上，質問者へは丁寧に対応しているのである。

💡 **長文を読むためのヒント ②**
《ことわざ》
今回の本文の第１パラグラフ第４文にthis can be easier said than doneとありますが，ここにことわざEasier said than done.「言うは易く行うは難し」が用いられています。こと

わざはさまざまな歴史上の人物や出来事などが土台となって，長い時間をかけて固定化されてきた表現です。入試では，これまでに問題として用いられたこともあります。したがって，基本的なことわざは覚えたほうがいいでしょう。例えば，

① It is no use crying over spilt milk.
　「覆水盆に返らず」
② A tree is known by its fruit.
　「果実を見れば木のよしあしがわかる」

これ以外にどのようなことわざがあるのか，下記にいくつか挙げておきます。できるだけ多く覚えるようにしてください。

・A bird in the hand is worth two in the bush.
　明日の百より今日の五十
・A drowning man will catch at a straw.
　おぼれる者はわらをもつかむ
・A friend in need is a friend indeed.
　まさかのときの友こそ真の友
・A little learning is a dangerous thing.
　生兵法はけがのもと
・All is not Gold that glitters.
　輝くものすべて金にあらず
・All work and no play makes Jack a dull boy.
　よく学びよく遊べ
・A rolling stone gathers no moss.
　転石こけむさず（商売がえは損／常に活動する者は新鮮）
・Better late than never.
　遅くともしないよりまし
・Do to others as you would have others do to you.
　己の欲せざる所を人に施すなかれ
・Even Homer sometimes nods.
　弘法も筆の誤り
・Health is better than wealth.
　健康は富に勝る
・Honesty is the best policy.
　正直は最善の策である
・Ill news runs fast.
　悪事千里を走る
・It is never too late to mend.
　過ちを改むるにはばかることなかれ
・Rome was not built in a day.
　ローマは１日にして成らず
・Slow and steady wins the race.
　急がば回れ

- Spare the rod and spoil the child.
  むちを惜しむと子どもをだめにする
- There's no place like home.
  我が家に勝るところはない

✓ 解答

1 (1)イ (2)ウ (3)イ (4)イ (5)ウ

2 エ, オ

3 (1) The teachers know (what book makes students feel happy).
(2)(What the girl wants to buy) is a new CD player.
(3) I'm going to visit the hospital (where the girl works as a nurse).

4 (1) different kinds of
(2) spend, on average
(3) According to, research
(4) experiment, carried out
(5) be more careful

5 彼らの調査では，犬のほえる声は人間とコミュニケーションをとる比較的複雑な方法に発展してきたことが示唆されている。犬がほえるとき，犬が言いたいことを人間が解釈できるかどうかを調べるために，研究者たちは，21の犬のほえる声を人間の研究協力者に流して聴かせた。

👤 解説

1 (1)第1パラグラフ第3文 What they did was to play different kinds of background music in a restaurant. とあることからイを選ぶ。(2)も(1)と同じ文からウの background music であることがわかる。(3)は第3パラグラフから考える。第2文でクラシック音楽の影響力について触れ，第3文でその具体例として They then buy luxury items, such as appetizers, desserts and coffee. と述べている。ここからイを選ぶ。(4)も第3パラグラフを利用しよう。第4文で if there was no background music, the customers spent only 21 pounds on average と説明している。ここからイが正解となる。(5)は第4パラグラフの最後の文に注目しよう。Classical music is what I should play. と James が述べている。以上からウが正解となる。

2 アは第1パラグラフ第3文と食い違う。イも同じ文にある different kinds of background music から間違いとわかる。ウは第3パラグラフ 第5文 They spent less because they skipped some of the luxury items. から判断できる。skip は「抜かす」の意味。つまり「ぜ

いたく品を注文しなかった」ことになるが，この部分が always bought desserts と矛盾する。**エ**は第3パラグラフ第1文 music does affect people's moods から正解とわかる。**オ**は第4パラグラフ最後の2つの文から判断できる。I'll use less pop music! Classical music is what I should play. と James が述べているが，これは研究者たちの実験結果を信頼しているから言えることである。

❸ (1)は使役動詞 make の語法の問題。〔make＋A＋動詞の原形〜〕の語順で「Aに〜させる」の意味になる。feel happy で「幸せに思う」の意味。(2)は関係代名詞 what の問題。What the girl wants to buy で「その少女が買いたいもの」の意味になる。ここでの what は the thing which と考えればよい。(3)は関係副詞 where の問題。先行詞は直前の the hospital である。〔〜where A 動詞〕の語順で「Aが…する〜」となる。したがって the hospital where the girl works as a nurse で「少女が看護師として働いている病院」の意味になる。

❹ それぞれの日本語をヒントにして本文の中から相当する慣用表現を探し出そう。(1)は various kinds of でもよいが，different が用いられている。(2)の「お金を使う」は spend，「平均して」は on average でよい。(3)の「〜によれば」は according to 〜 である。ここでの調査は research を用いている。(4)の「行う」は「実行する」と考えれば carry out が出てくる。実際は受動態だから carried out が求められている。(5)の「注意する」はここでは be careful でよい。ただし，「もっと」は比較級で表現する。

❺ 〔suggest that S V 〜〕で「〜と示唆する」の意味。ただし，主語が research だから無生物主語である。したがって「調査が示唆している」は避け，「調査では〜ということが示唆されている」と訳すほうが自然な日本語になる。evolve into 〜 で「〜に発展する」の意味。see if S V 〜 で「〜かどうかを調べる」の意味。ここでの play は第4文型で用いられている。play A B で「AにBを演奏してあげる，（音楽などを）かけてあげる」を意味する。内容としては，研究者たちが録音してある犬のほえる声21種類を研究調査に協力してくれた人たちに聴かせた，ということである。

全訳 ある英国の大学の科学者たちが音楽を使って実験を行っている。科学者たちは，どんな音楽が客にお金を使わせるかを知りたいのである。科学者が行ったのは，あるレストランでさまざまな種類の背景音楽

を流したことである。科学者たちは起こったことを注意深く見つめ記録した。

ポップミュージックを流した場合，客は平均して22ポンド使うことがわかった。しかしながら，ソフトなクラシック音楽を流すと，客が使った額は24ポンドを超えていた。これは10%以上多い。

「私たちの調査によれば，音楽は本当に人の気分に影響を与えるのです。クラシック音楽を聴くと客は豊かで高級な気分になるのです」とレスター大学のアドリアン・ノース博士は述べている。「すると，客は食前酒，デザート，コーヒーのようなぜいたく品を注文するのです」面白いことに，背景音楽がなければ，客が使った額は平均してたったの21ポンドだった。一部のぜいたく品を注文しなかったために使う額が少なくなったのである。

科学者たちが調査を行ったレストランの所有者はジェイムズ・デイヴィスである。「時には客の好みの音楽ではなく，自分の好きな音楽を流すんですよ」とデイヴィスは言っている。「調査後はもっと気をつけるつもりです。ポップミュージックはそれほど流さないようにします。流すべき音楽はクラシック音楽ですね」

💡 **長文を読むためのヒント❸**

《使役動詞 make とその仲間たち ―have, let, help など―》

使役動詞と言えば make，let，have の3つが代表的な動詞として挙げられます。この3語に共通しているのが下記のような語法です。

〔make＋A＋do 〜〕「Aに〜させる」
〔let＋A＋do 〜〕「Aに〜させる」
〔have＋A＋do 〜〕「Aに〜させる」

つまり，3つの動詞の後には〔A（目的語）＋動詞の原形〕が続き，「Aに〜させる」という訳し方が同じなのです。そこで問題になるのが「語法も意味もまったく同じなのか」ということです。答えは「同じではない」となります。では，この3つをどのようにして区別するのか。基本的な違いを紹介しておきますので，違いに注目し，使い分けるようにしましょう。

①〔make＋A＋do 〜〕

make は強制的に，Aに無理やりある行動をさせる場合です。例えば，The teacher made us run ten kilometers. はいやがる私たちに10キロを走らせたことになります。本文ではこの make が2回使われています。

②〔let＋A＋do 〜〕

let は make と違って強制力はありません。

let はむしろ「Aがしたいことを自由にさせる，Aが〜することを許す」のように，make とは逆の意味を持っていると考えたほうがいいでしょう。

③〔have＋A＋do 〜〕

have ではAに注目しましょう。Aは誰でもいいわけではありません。実は，Aは do 〜 の動作をする資格や技術を持った職業人である場合が基本なのです。したがって，I'll have him fix my car. では him は mechanic「修理工」かその技術を持った人であることが理解できます。

以上のように「Aに〜させる」でも，文脈や伝えようとしている内容によって，make, let, have を使い分ける必要があるのです。また，その仲間として次の語を紹介しておきます。

④〔get＋A＋to do 〜〕

これも「Aに〜させる」の意味を持っていますが，get の場合の大きな違いは to do 〜 のように to を必要とすることです。また，内容的には「Aを説得して〜してもらう」のような意味を表します。

⑤〔help＋A＋(to)do 〜〕

これはこれまでの 4 つの語とは違い，「Aが〜するのを手伝う」の意味です。また，to がある場合とない場合があります。最近では to がないのが一般的です。

入試問題では今回のような長文の中で用いられる以外に，並べかえや空欄補充の問題でもよく出題されます。それぞれの語法，意味などを区別して理解し，問題に惑わされないようにしましょう。

④ グラフを読みとろう （pp.12〜13）

☑ 解答

1 (1)イ　(2)エ　(3)ウ　(4)イ

2 (1) high　(2) broke　(3) width
(4) same

3 (1) for the first time
(2) both, and
(3) difference between, and
(4) In contrast

4 若いヒマワリは太陽を崇拝している。太陽が空を東から西に移動しているのを追いかけることで，最高の成長を遂げる。しかし，太陽はどの方向に，またはいつヒマワリの向きを変えるかの唯一のサインを送っているのではない。若いヒマワリは太陽だけではなく，人間の睡眠・覚醒サイクルを司っているような体内時計にも導かれている。

🗣 解説

1 (1)ビーチポンドで最高気温と最低気温の差が一番大きかったのはイ「April(4 月)」である。4 月のグラフを見ると，4 月の最高気温は 25 度，最低気温は 5 度である。(2)次に，2019 年は記録的な年で，25 度以上がエ「seven(7 か月)」続いた。(3)そして，最低気温がビーチポンドとスプリングベイで同じだったのは 1 月，11 月，12 月のウ「three(3 か月)」であった。(4)そして，スプリングベイの最高気温は 4 月から 8 月までの期間にイ「increased gradually(徐々に上がった)」。

2 (1) good の反意語は bad なので，空所には low「低い」の反意語である high「高い」が入る。
(2) see の過去形は saw なので，空所には break の過去形である broke が入る。
(3) different は形容詞，difference は名詞なので，空所には wide の名詞にあたる width が入る。
(4) before の反意語は after なので，空所には different「異なる」の反意語である same「同じ」が入る。

3 (1) for the first time で「初めて」という意味。in my life をつけると「生まれて初めて」という意味になる。
(2) both A and B は「A も B も」という意味。逆に，「A も B も〜ない」と両方を打ち消すときは neither A nor B で表す。
(3) difference between A and B「A と B の違い」

(4) in contrast「対照的に」

4 worship は「～を崇拝する」という意味で，若いヒマワリが太陽の動きに忠実であると抽象的な表現をしており，次の文で「太陽が空を東から西に移動しているのを追いかける」という具体的な説明が展開されている。signals on where or when to turn の構造は，or が where (to turn) と when to turn をつないでいて，「どの方向に，またはいつ向きを変えるか」という意味になる。

全訳 上のグラフは，ビーチポンド市とスプリングベイ市における，2019年の各月の最高気温と最低気温の平均を示したものである。ビーチポンドで最高気温と最低気温の差が一番大きかった月は4月であった。実は，2019年はビーチポンドにとって，気温の点で記録的な年だった。史上初めて，1年のうち7か月も最高気温の平均が25度以上となった。一方，2019年のスプリングベイでは記録を破るようなことはなかった。両市の最低気温の平均が同じだった月は1年のうち3か月あった。スプリングベイでは，1月の気温がその年で一番低い気温で，平均では最低気温が1度，最高気温が12度だった。スプリングベイの最高気温は4月から8月にかけて徐々に上がった。10月を過ぎると，最高気温は下がり，ビーチポンドと似た曲線を描いた。

長文を読むためのヒント ❹

《図表の読みとりがある英文の読み方》

　今回の長文はグラフの内容を読みとる問題でしたね。このようなタイプの問題はどのように取り組んだらいいでしょうか。

　まずは，本文を読みながら，グラフに書き込みをしていくことが大切です。特に今回は，「ビーチポンド市」「スプリングベイ市」そして「最高気温」「最低気温」という4つの指標が出てきました。一つひとつ，本文の内容をグラフに印をつけながら読み進めないとすぐに迷子になってしまいます。

　また，グラフ問題によく出てくる語句を正しく理解しているかどうかも重要なポイントです。本文中には average（平均の）という単語がたくさん出てきていますが，これはグラフ問題などの図表問題には頻出の単語です。以下にその他の頻出表現を挙げましたので，ぜひ覚えてくださいね。

high「高い」　low「低い」
increase「増える」　decrease「減る」
decline「減る」　same「同じ」
different「違う」　difference「違い」

---

❺ アメリカ発見とコロンブス（pp.14～15）

☑ 解答

1 (1)① イ　② ウ
(2)氷河期には地球のとても多くの水が凍っていたので水位が下がっていました。それでアジアから北アメリカまで歩くのが可能だったのです。

2 (1) playing
(2) left
(3) for
(4) of
(5) where
(6) which

3 (1) It, for, to
(2) There, were, fishing
(3) village, where, you

4 (1) so hot today that I
(2) Is it dangerous for him to

5 妹〔姉〕と私はとても興奮して言葉もほとんど出なかった。

解説

1 (1)①「著者の主目的は何か」とは，この文章の主旨は何かということ。決してコロンブス賞賛でもコロンブス攻撃でもない。いくつかの証拠を提示しながら the true "discoverers" of America「本当のアメリカ大陸発見者」はだれか，彼らがどのようにしてアメリカ大陸へやって来たかを説明している。エの「ベーリング海峡の横断方法を説明」は第3パラグラフに登場するが，第1パラグラフ第1文の「コロンブス到着時」の様子と第2パラグラフ「アメリカ大陸の本当の発見者」から，エは正解とはならない。

②「1492年にはアメリカ大陸にはどれくらいの人がいたのですか。」これはコロンブスがアメリカを発見したといわれる1492年の時点でアメリカ大陸にはすでに人が住んでおり，その人口はどれくらいかを尋ねている。第1パラグラフ第1文に注目しよう。〔There＋be＋S＋doing（現在分詞）～〕は〔S＋be＋doing～〕と同じことだ。つまり，第1文は 30 to 40 million people were living in North and South America と考えられる。「およそ3000万から4000万の人が南北アメリカに住んでいた」となる。ウの fewer は「より少ない」の意味で，ここでは 40 million の後に書かれているから「4000万より少ない」ことになり，本文と一致

する。

(2)the Ice Ages で「氷河期」。問題はこの文が so ～ that...「とても～だから…」の構文に気づくことが重要。さらに最後に出てくる〔It＋be＋形容詞＋to do～〕の構文が問題。be frozen で「凍っている」, the sea level で「水位」, walk from A to B で「AからBまで歩く」の意味。

② (1)「数名の少年が公園でサッカーをしています。」〔There＋be＋S＋doing(現在分詞)～〕は〔S＋be＋doing～〕と同じことだ。Some boys are playing soccer in the park. と考えて訳そう。

(2)「コップには牛乳が少々残っていた。」 これも(1)と同じ構文だが, 1つだけ違うことがある。〔There＋be＋S＋done(過去分詞)～〕のように, 現在分詞ではなく過去分詞であること。この点が入試でよくねらわれる。つまり「There was some milk (leave) in the glass. の( )内の語を適切な形に直しなさい」のようにして出題されるのだ。解法のポイントは some milk was (leaving / left) in the glass で, どちらの場合が文として成立するかを考えることだ。leaving では意味をなさない。

(3)「オリンピックで金メダルをとることはだれにとっても簡単なことではない。」 文構造は〔It＋be＋形容詞(～)＋for＋A＋to do...〕だから「…するのはAにとって～だ」の意味。基本に従って解く。

(4)「そのおばあさんを助けてあげるとは彼女はとても親切だ。」 文構造は〔It＋be＋形容詞(～)＋of＋A＋to do...〕だから「…するとはAは～だ」の意味。(3)との違いは「for か of か」と形容詞の違いである。形容詞が「人の性格を表す語」の場合は of を用いる。形容詞が dangerous や easy などの「行為の内容を示す形容詞」の場合は for である。基本を押さえよう。

(5)「私が生まれた町はとても小さい。」 関係代名詞か関係副詞かの問題。where は there (in the town), which は it (the town)のことになる。I was born とのつながり, つまり I was born there と I was born it ではどちらが正しいかを考える。もちろん I was born there が正しい。つまり where が正解。

(6)「私が先月訪れた町はとても小さい。」 (5)と比較しよう。つまり I visited it (the town)と I visited there (in the town)でどちらが正しいか。

③ (1)日本語に注目しよう。「…するのはAにと

って～だ」から〔It＋be＋形容詞(～)＋for＋A＋to do...〕の構文が出てくる。

(2)日本語から Some people were fishing ～ と考える人もいるだろうが, これでは「中には～する人もいる」の意味になってしまう。〔There＋be＋S＋doing(現在分詞)～〕を用いる。

(3)ポイントが複数ある。第1は「あなたが住んでいる村」を関係詞を使って表現することが分かるかどうか。第2は関係代名詞か関係副詞かの見分けがつくかどうか。日本語のこの部分は関係代名詞でも関係副詞でも表現できる。次を見てみよう。

the village where you live (関係副詞)
the village in which you live
(前置詞＋関係代名詞)
the village which you live in (関係代名詞)
the village you live in (関係代名詞の省略)
解法のポイントは, ( )の数からどれを用いるかが理解できるかどうかである。

④ (1)日本語の「とても～だから…だ」から so ～ that... を考える。

(2)ここも日本語に注目。「Aにとって…するのは～だ」から〔It＋be＋形容詞(～)＋for＋A＋to do...〕の構文であることが分かる。

⑤ so excited that we could... から「とても～だから…だ」と判断する。hardly は「ほとんど～ない」の準否定語。従って「言葉もほとんど出なかった」となる。

全訳 コロンブスが1492年にアメリカ大陸にやって来たとき, 南北アメリカ大陸にはおよそ3000万から4000万の人がすでに住んでいました。従って, コロンブスがアメリカ大陸を「発見した」という意見を論破するのは一部の人にはきわめて簡単なことでした。この先住民がいつ, どのようにしてアメリカ大陸にやって来たかは多くの科学的な研究と議論の的でした。

たいていの考古学者は, 最初のアメリカ人, すなわちアメリカ大陸の本当の「発見者」はアジア北東部からやって来たということで, 意見が一致しています。また, 先住民がアメリカ大陸に来て少なくとも1万5000年になるという証拠もかなりあります。

アメリカ大陸にたどり着くためには, 先住民たちはアジアと北米大陸を隔てている, 幅55マイルのベーリング海峡を横断しなければなりませんでした。ある理論によれば, 先住民たちは2つの大陸の間に陸地の橋が存在していた期間に横断したのです。氷河期の間は, 地球の水がとても大量に凍結していたので海の水位が下がり, アジアから北米大陸まで歩くことが可能だったのです。

《there を用いた構文》

本文1～3行目に there を用いた重要構文が登場しています。分かりますか。

there were already an estimated 30 to 40 million people living in North and South America

ここには〔There＋be＋S＋分詞～〕の構文が用いられています。訳すときは〔S＋be＋分詞～〕と考えて訳しましょう。上記の文なら

an estimated 30 to 40 million people were living ～

と考えて、「約3000万から4000万の人が住んでいた」と訳すのが基本です。

この構文が入試で用いられる場合は、主として長文と文法の2通りです。長文では和訳問題です。前述の説明を参考にしてください。文法では分詞の部分がねらわれます。分詞、つまり現在分詞と過去分詞のどちらを選ぶべきかの問題です。例を挙げます。

There is some water （　） in the glass.

この（　）内に leaving か left のどちらかを入れるとして、どちらが正解でしょうか。left です。先ほどの説明通り置きかえると

Some water is leaving in the glass. （現在分詞）

Some water is left in the glass. （過去分詞）

他動詞 leave「～を残す」の目的語がない点から受動態を選ぶようにしましょう。この点と置きかえを判断材料にして問題に挑戦してみましょう。

❻ ボランティア活動 *（pp.16～17）*

☑ 解答

1 (1)ア

(2)① three, a〔per〕

② No, didn't

2 (1)furniture

(2)homework

(3)works

(4)is little time

(5)one

3 (1)one, the, other

(2)one, the, others

(3)Some, others

(4)another

(5)too, to

4 (1)鳥の中には巣に使う空間を制限するものもいれば、一方では、混雑がひどくなりすぎると自身の卵を食べる虫もいます。

(2)そのころ、妹〔姉〕と私は幼すぎて、父が意図することが正確には理解できませんでした。

👤 解説

1 (1)アはボランティアの人数の確認の問題。本文6行目に With four other volunteers, I planned ... という部分がある。ここから「私」以外に4人のボランティアがいることが分かり、合計5人となる。イは本文10行目の I enjoyed this volunteer work. から、ウは17～18行目の She looked and looked for a new job から判断する。

(2)①はボランティア活動の回数が問題。本文5行目に Three nights a week とある。②も、同じ部分から No であることが分かる。

2 (1)「その女性はこのデパートで家具をいくらか購入した。」名詞は大別して可算名詞と不可算名詞の2種類がある。furniture は後者。従って furnitures とはならない。

(2)「今日は放課後に宿題をしなければならない。」homework も不可算名詞である。

(3)「その芸術家は若いころ、ここで多くの芸術作品を描いた。」work は意味によって数えられることがある。通常の「仕事」は不可算。しかし「作品」なら可算名詞であることに注意。

(4)「急げ！　時間がほとんどない。終電が出発しようとしている。」文の内容から「時間がない」ことが分かる。「時間」の time は不可算名詞。

(5)「ペンをなくした。1本買わなければ。」こ

の場合の one は a pen のこと。it は文脈から「紛失したペンそのもの」のことになる。自分がなくしたペンそのものを買い戻すことは不可。

3 (1)人数に注意しよう。(1)が２人，(2)は３人だ。２人のうちの１人を one とすれば，もう１人は the other となる。３人の場合，１人を one とすると残り２人は複数だから the others となる。

(2)考え方は(1)で説明した通りである。では，残りを２番目，３番目とするとどうなるか。one－another－the other となる。覚えておこう。

(3)日本語に注目しよう。「中には～する者もあれば…する者もある」から some ～ others… が出てくる。なお some ～ some… とすることもある。

(4)買い物での決まり文句のひとつ。Show me another one.

(5)日本語から答えを考えよう。「～すぎて…できない」なら so ～ that A cannot… か too ～ to do… である。( )の数や文構造から答えは明らかだ。

4 (1) some birds ～ some insects… に注意。some ～ others… が some ～ some… となることを考えると訳し方が分かる。while は接続詞。位置に注目しよう。〔S＋V ～, while S＋V…〕や〔While S＋V ～, S＋V…〕の場合の while は譲歩「～だけれども」や対照「だが一方」の意味を表すことがある。一般に「～する間」などの意味を考える人が多いが，譲歩や対照の while も覚えておこう。

(2)ポイントは too ～ to do… だから「～すぎて…できない」の訳し方を用いる。what は関係代名詞。関係代名詞の what を使っての what you mean なら「あなたの言いたいこと」となる。

【全訳】 昨年の夏，ホームレスの人の避難所（ホームレスの人たちが夜寝る場所）でボランティアを体験しました。その夏は仕事をしていなかったし，夏期講習は２科目しかとっていなかったので，少し自由な時間がありました。

週に３晩，避難所の台所の手伝いをしました。他の４人のボランティアとともに45人分のメニューを考えて，温かい夕食を調理しました。私たちは野菜，鶏肉，魚，果物を使って食事を作りました。ホームレスの人は多くがふだん十分食べていないので，これだけのたっぷりとした食事が必要だったのです。

私はこのボランティアの仕事を楽しんでやりました。台所でいっしょに仕事をした他のボランティアの人はおもしろい人たちでした。私たちは友達になりました。

一人はとてもすてきな年配の主婦，一人は映画俳優，次は若い教師，そして４人目の人が私と同様大学生でした。

私は避難所にいる多くのホームレスの人と話をしました。中にはこれまでの人生について話してくれた人もいました。アルコールや麻薬の問題を抱えた人もいましたが，ただ不運なだけの人もいました。ある女性は約20年間小さな会社に勤め，やがて失業。新しい仕事を探しに探しましたが見つかりませんでした。年をとりすぎていたのです。彼女は食費が必要になり，ソファやいす，テーブルなどの家具類を売りました。その女性はなお仕事が見つからず，アパートの費用もなくなりました。彼女は車で寝るしかありませんでした。それから彼女は車を売らなければなりませんでした。彼女は孤独で，おびえ，家もありませんでした。とうとう彼女は避難所にやって来たのでした。

長文を読むためのヒント❻

《代名詞 one の働き》

今回の本文では one という単語が何度か用いられています。11，12，16，18行目に１回ずつ登場します。one は名詞，代名詞，形容詞として用いられますが，11行目と12行目の one は代名詞で，one of them (the other volunteers)「他のボランティアの１人は」の意味で「１人」を意味します。16行目の one は次に woman があるので形容詞です。「ある～」を意味します。

では18行目の one は何でしょうか。find の目的語ですから名詞か代名詞ですが，答えは代名詞です。代名詞は一度出てきた名詞のかわり，というのが一般的な役目ですが，この場合の one はどの名詞のかわりをしているのでしょうか。「一度出てきた名詞」ですから，それより前の部分を見てみましょう。～ looked for a new job とあります。その直後に but she couldn't find one ですから，couldn't find a job と考えると，この one が a job のかわりをしていることが分かるでしょう。ここで確認しなければならないのは「代名詞 one は一度出てきた数えられる名詞のかわりをする」ということです。

one について，もう一つ大切なことがあります。入試でもよく問題にされる部分です。例を挙げます。

I have lost my dictionary; I think I must buy ( ).

これは福岡大学が出題したもので，( )内に that, it, one, the one の中から１つ選択して

入れる形式です。もちろん正解は one ですが, that や it, the one では「なくした辞書そのもの」を意味し,「なくした辞書そのものを買う」というおかしな文になります。ふつう, 紛失した辞書そのものを買うことはせず, 新しいものを買いますね。

　次に同じ形式の問題を例に挙げておきます。

　I've lost my fountain pen. I have to buy （　） tomorrow.

これも選択肢として it や that がありますが, 正解は one です。単語は少々違いますが, 問題のねらいや本質は同じですね。

　このほかにも one は「(一般的な)人」を意味したり, さまざまな用法があります。注意が必要です。

7 都市の変化 （pp.18〜19）

☑ 解答

1 (1)(B)→(C)→(A)
　(2)イ
2 (1)took good care of
　(2)have less money for
　(3)Nobody seems to help
3 (1)enough, money, to
　(2)moved, out, of
　(3)have, good, reason
　(4)What, happened, to
4 (1)日本人とアメリカ人の母親は, 赤ちゃんが目覚めているときは, ほぼ同じくらいの時間を育児に使うようだ。
　(2)心理学者は何百万という憂うつな人々をなおしたが, 必ずしも幸せにしたわけではないようだ。これは大きな違いである。

🖊 解説

1 (1)文整序の問題であるが, 先にアメリカの都市が第2次世界大戦後に変ぼうしたことを述べて都心と郊外に貧富の差があることを説明し, その後の展開の順序を考えさせる問題である。(B)が最初に選ばれるのは第2文 Businesses began to leave the city, too. から判断する。本文第2文に Many people moved out of the city. とあり, それが(B)の 〜leave the city, too へとつながる。次に(C)を選択するのは, (C)の最初の Cities began to have many serious problems. が都心から裕福な人がいなくなり企業が去った後に, 都市がどのように変化するかを説明した部分だからである。ここには税金(お金)が不足し, 都市がすたれる様子が述べてある。この部分が(A)の冒頭に結びつく。つまり, (C)でお金がないのが問題だと述べ, (A)の最初で「しかし, お金は問題の一部にすぎない」となり, (C)→(A)のつながりが明確になる。

(2)代名詞 this は前の文で述べたこととこれから述べることのどちらかを指すことができるので, 前後に注意する。また, 内容にも注目する。believe this とあって, その直前に believed 〜 の部分がある。また, 内容からも「都市の衰退」を考える。

2 (1)「その少女は母親のめんどうをよくみた。」take care of 〜 で「〜のめんどうをみる, 〜の世話をする」だが, good が入ることで「十分, よく」の意味が加わる。

(2)「その都市にはストリートチルドレンのためのお金が今年はあまりないのですか。」less は little の比較級。

(3)「けがをした犬を助けてやる人は一人もいないようだ。」seem to do ～ で「～するようだ」の意味。seem の用法については後でも取り上げる。

❸ (1)「～するお金がある」は have money to ～。「十分な」は enough でよい。

(2)「～を出て行く」はここでは move out of ～ でよい。get out of や go out of も可能。

(3)「～する十分な理由がある」は have good reason to do ～ とする。ただし，助動詞 may を使えば may well do ～ となる。これは書きかえ問題によく出題される。注意が必要だ。

(4)日本語に注意しよう。「何が起こったのか」とあるから，What happened to ～？「～には何があったのか，～には何が起こったのか」を用いる。

❹ (1)問題は seem to do ～ の訳し方。「～するようだ」となる。〔spend＋時間＋in＋doing ～〕で「～するのに時間を費やす」の熟語。the same amount of time で「同じ分量の時間」の意味。caretaking は「世話」と考える。caretaking activities なら「世話活動」だが，赤ちゃんの世話だから「育児」と考えるとよい。

(2)ここも seem の問題だが，(1)とは用法が異なる。「Aは～するようだ」は A seem to do ～ か It seems that A do ～ で表すが，ここは後者を用いている。It を「それは」と訳さないこと。cure A of B で「AのBをなおす」，not necessarily で「必ずしも～とは限らない」の部分否定。not necessarily made them happy は psychologists have not necessarily made millions of people of depression happy のこと。

全訳 アメリカの都市は第2次世界大戦後多くの点で変化した。多くの人が都心部から出て行ったのだ。彼らは郊外，すなわち都市の周辺部へ移った。移動した人のほとんどは豊かだった。貧しい人々はたいていは移動するお金が十分になかった。貧しい者は都市にとどまった。

(B) 1950年代の間，アメリカの都市にはもうひとつ重大な変化が見られた。企業も都市を去って行き始めたのだ。企業が去ったのは，都市の人々はより貧しいからだった。貧しい人は買い物をするだけのたくさんのお金を持っていない。だから，多くの店やレストランが郊外へ移動したのだ。郊外に住む人は消費するお金をたっぷり持っていた。

(C) 都市には深刻な問題が出始めた。金持ちや企業はもう都市税を払わなかったのだ。貧しい人たちには多くの税金を払うことができなかった。だから都市には学校や住宅を用意するお金が少なかった。都市が警察官や消防士の給与を払えないことがときどきあった。それに都市は通りや公園の整備を十分にできなかった。

(A) しかし，お金は問題の一部でしかなかった。アメリカの都市は死にかけていると多くの人が思っていた。彼らがそう信じるには十分な理由があった。都市の通りは悲しいほど閑散としていた。多くの区域や公園が汚く危険だった。一部の場所では建物が崩壊しつつあった。しかも，だれも気にしないようだった。これが本当の問題だった。お金を持っている人や企業のほとんどは郊外にいった。彼らは都市に起こっていることを気にしていなかった。

長文を読むためのヒント ❼

《代名詞 this の働き》

代名詞の this や that が入試で出題されることがよくあります。「this や that の内容を説明しなさい」や「this や that が指すものを次のア～エの中から1つ選びなさい」という形式の問題です。なぜこの形式の問題が出てくるのでしょうか。それは「this と that は前の文の内容を指す」からであり，「this は次に述べることも指す」からです。特に，今回は this の内容が問題です。つまり，本文の下線部の this が指すのは「前の文の内容」か「次に述べること」かが重要なポイントとなるのです。that なら「前の文の内容」を探れば問題解決へと向かうのですが，this は「前後に注意」です。例を挙げましょう。

You might not believe this, but the person on the stage is a man.「信じられないかもしれないが，舞台の人は男性だよ。」
この this は「次に述べること」を指しています。

He mastered the language in a week. I can't believe this.「彼は1週間でその言語を習得した。私にはこのことが信じられない。」
こちらの this は「前の文の内容」を指しています。

今回のように，入試で this や that の内容を試す問題が出題されるのは，受験生が内容を正確に把握しているかどうかを確認するためです。国語の試験でもよく見かけます。今後，この種の問題でしっかり得点するためには，日ごろから英文を正確に読むことが大切です。その上で，次の2点に注意してください。

①代名詞は元の名詞に戻して訳す。

⑧ 人口比率と経済　　　　(pp.20〜21)

☑解答

1 (1)D　(2)A　(3)B　(4)C

2 (1) contributing to
(2) lead to
(3) combined with

3 (1) The scientists (found it difficult to launch) the weather satellite.
(2) It won't (be easy for the scientists to assemble) a new satellite.
(3) The satellite (will present us with a) lot of information about space.

4 (1)イ　(2)ウ　(3)ウ

5 悲劇的なことには，この少年は重傷をおっているだけではなく，その事故は，少年の記憶を完璧なものにするといったような，少年の頭脳に奇妙な影響を与えているのである。

解説

1 空欄に適切な文を入れる問題はセンター入試で出題されているが，これは文法的な知識情報だけで解決するよりは，文脈やパラグラフの展開から考えるのが適切である。(1)は第1パラグラフの最後にあるが，ここは先進国と発展途上国を対比させ，発展途上国の状況を説明している。第2，第3パラグラフが発展途上国の問題点 The obvious problem と利点 many economic advantages を説明していることから，第1パラグラフの最後にはこの問題点と利点が説明されることになる。したがって，Dが正解となる。英語を学ぶ者として知っておかなければならないのは，英語の文章，特に論説文やそれに類する文章の展開例である。つまり，今回のように，第1パラグラフで述べられたことが次のパラグラフに引き継がれて説明されることになる，ということである。前述したように，第2，3パラグラフでは問題点と利点が説明されている。ということは，第1パラグラフではこの2点が取り上げられることになる。このことを頭に入れておこう。(2)は第2パラグラフ，つまり発展途上国の問題点を説明している。また，(2)の前後は失業問題を説明している文だから，ここにはそれに関係する文が入ることが予測できる。このように考えると The current rate of youth unemployment「若者の現在の失業率」が適切と考えられる。さらに，直後の Even those with university degrees「大学卒

業資格の持ち主でさえ」仕事を見つけるのが難しいとあるが、これがAの失業率25％と結びつく。以上からAが正解となる。(3)は発展途上国の利点を述べているが、Bはその利点の一部を紹介している。また、ここではBの文構造にも注意が必要だ。This is because A 動詞 ～. の This は直前の内容であり、because 以下は This が発生する理由を説明している。ここでの This は発展途上国が先進国とは違って年金問題などに直面していないということ。(4)は発展途上国の可能性について説明しているが、直後の文にある that に注意しよう。この that は直前の文である。つまり、Cの文に書かれている「成功の鍵は問題を解決すること」、それが中東の変革につながる、と展開がうまく進行する。

2 (1)は「～に貢献する」の contribute to ～ が正解。ただし、時制に注意しよう。進行形である。(2)は「～につながる」だから lead to ～ を入れる。(3)は「～と結びついている」だから be combined with ～ とする。

3 (1)の日本語から「～するのは…とわかる」が確認できる。これを英語で表現するには〔find ＋it＋…（形容詞）＋to do ～〕の構文がある。(2)も日本語から英語の構文を発見してみよう。「Aにとって～するのは…だろう」と確認できる。また、ここでは文頭に It があることが重要なヒントになっている。以上から〔It＋be 動詞＋…（形容詞）＋for A＋to do ～.〕の構文と判断できる。(3)は動詞 present の語法の問題。〔present A with B〕で「AにBを与える」の意味。

4 ここはまず文全体の意味を予測しよう。(1)は「そのような困難にもかかわらず、社長は新しい事業を始めるのに成功した」と考えることができる。そこから「～にもかかわらず」に相当するイが正解となる。(2)は「日本やフランスのような先進国は発展途上国を助けるべきだ」と考えることができる。次に「～のような」に相当するものを探すと such as が正解とわかる。(3)は「大学卒業資格を持っている人たちはちゃんとした仕事を簡単に見つけることができる」となる。注意が必要なのは those である。those は that の複数形であるが、those を独立した単語と考える必要がある。those present「出席者」のように、those＝people である。ここでも Those を People と考え、with は「～を持っている」と考えると Those with university degrees で「大学卒業資格を持っている人たち」の意味となる。

5 ここでは倒置に注意しよう。倒置については単元 11 で詳しく説明する。ここでは「どこに倒置が用いられているのか」程度のことを説明するだけにしますので、単元 11 をじっくり読んでほしい。

さて、倒置はどこに用いられているのだろうか。それは not only is this boy seriously injured の部分である。本来なら this boy is not only seriously injured とすればいいのだが、著者は否定語を前に出すことによって倒置の語順を用いている。もちろん、この語順によって意味の強調が行われることにも注意しよう。

最後に語句の紹介をする。Tragically は文頭に置かれて文全体を修飾する役割を果たしている。have an effect on ～ で「～に影響を与える」。make は〔make＋A＋…（形容詞）〕の語順で「Aを…にする」の使い方になっている。

全訳 日本のような多くの経済的に発展をとげた国が高齢化社会に直面しているのに対して、他の国々は反対の状況に直面している。中東地域の国の場合は、若者人口が急速に増えてきている。現在、そのような国々では、24歳未満の人口が全人口のおよそ50％から65％である。この状況によって、短期に（解決しなければならない）問題が多く出ているが、同時に、長期の発展性ももたらされている。

短期の明白な問題とは、中東諸国にのしかかる社会基盤を整備するようにとの圧力に関するものである。中東諸国にとって住宅、学校、あるいは道路を十分に提供するのは難しいだろう。しかしながら、おそらく最大の問題は、有効な仕事が不足していることであろう。現在、中東の若者の失業率は非常に高く、およそ25％である。大学の学位を持つ人でもまともな仕事を見つけるのは非常に難しい。若者の間でこのように失業率が高いのは才能を無駄にしているだけではなく、このような状況のため社会が不安定になり、極端な政治的な考え方をするような方向に人々を向かわせてもいるのだ。

しかしながら、このような問題があるにもかかわらず、若者人口が急速に増加することから得られる経済的利益が多くあるのだ。例えば、ヨーロッパ、アメリカ合衆国、日本の場合とは違い、中東の国々は年金や健康保険制度の危機には直面していない。これは、若者たちが支払う税金が高齢者の経費をまかなうのに役立つからである。さらに、働くことができる労働者が中東に多くいるおかげで、この（中東）地域の企業には生産を拡大する可能性が出てくるのだ。

増加しつつある若者人口が、上昇しつつある石油価格と結びつき、中東に大きな経済発展の機会を与えるだろう。成功の1つの鍵は、若者の可能性を無駄に

しないように，前述した短期の問題を解決することで
あろう。それができれば，中東の若者の力がこの地域
の変革につながる可能性がある。

── 長文を読むためのヒント ❽ ──
《仮目的語を持つ構文》

　今回の長文に下記のような文があります。

　Even those with university degrees find
it extremely difficult to find a decent job.
ここで注意しなければならないのが it です。it
はよく用いられますが，何を指しているかを常
に意識することです。今回は it の前後に目を
向けると，it がどのように使われているかがわ
かります。

　find＋it＋difficult(形容詞)＋to find ～
このような〔動詞＋it＋形容詞＋to do ～〕の語
順は英語の文章ではよく見かけるものですが，
この it は仮目的語と呼ばれています。では本
当の目的語は何か。それは to find a decent
job の to 不定詞の部分です。it の部分に to
find a decent job を置くと，目的語として長
すぎて，後の語句とのつながりがわかりにくく
なります。そこで it を形式的に目的語の位置
に置き，本当の目的語を後に置いたのです。

　したがって，この構文を用いた英文を日本語
に訳す場合は it を「それを」などとは訳しま
せん。find it difficult to find a decent job な
らば「ちゃんとした仕事を見つけるのが難しい
とわかる」のように訳すのが一般的です。

　次に，この構文を少し広げて考えてみましょ
う。つまり，この構文は〔find＋it＋…(形容詞)
＋to do ～〕だけではなく，他にもあるという
ことです。例えば，find 以外に think や
believe も用いられます。また，…の部分は形
容詞とありますが，名詞が用いられることもあ
ります。例文で確認しましょう。

① We thought it easy to find her house.
　「彼女の家を見つけるのは簡単だと私たち
　は思った」
② We consider it a great honor to be
　here with you today.
　「私たちは今日ここにあなたがたと一緒に
　いることを名誉なことだと考えています」
it を用いた重要構文は多くあります。今回の
〔find＋it＋…(形容詞)＋to do ～〕はその１つ
です。構文，訳し方，応用などに注意しながら
覚えましょう。

❾ 女性解放と男性　（pp.22～23）

☑ 解答

❶ (1)①イ　②ア　③ウ　④ウ
　(2)⑤a jewelry store he inherited
　　⑥to make contributions as individuals
❷ (1)had studied
　(2)were
　(3)had come
　(4)had
　(5)went
❸ (1)shut, up
　(2)for, first
　(3)instead, of
　(4)rather, than
　(5)at, same
❹ ある日，父が立ち上がって口から血を
　吐きました。私たちはあわてて父を病院
　に連れて行きました。医者は腸の中で何
　かが破裂したのだろうと言いました。父
　は自宅に戻りましたが，2，3日後に再
　び同じことが起こりました。3回目の後
　で，もし同じことがまた起こったら父は
　死ぬだろうと医者が言いました。

🖉 解説

❶ (1)①第１パラグラフの要旨は「人口増加で女
性は結婚して子どもを産めとは言われなくなっ
ている」，つまり「女性の栄光は妻となり母親
となることではない」となるから，イが正解。
②女性が結婚して子どもを産むのであれば男性
はどうなるか。一般的に「家族を養うために働
く」と考えると答えにつながる。③「5人の子
どもがいなかったら，すばらしい仕事をしてい
たろうに」と考えられる。他の語句では意味を
なさない。④女性のことを先に述べて，その後
で男性のことに話を展開している。(④)の直
前に But とあるのは前の文の逆のことを述べ
るため。女性に対する「5人の子どもがいなか
ったら～と常々言っている」の逆は「だれもそ
んなことは思わない」と考えられる。
(2)⑤直前の run は「走る」ではなく「経営する」
の意味。そこから「宝石店を経営する」と考え
る。すると running a jewelry store となるか
ら，store he inherited で「引き継いだ店」と
なる。
⑥直前が release A to do ～ で直前に and が
あるので(release A) to make contributions
と考えられる。残った語は as individuals で「個

人として」の意味。

2 (1)「若いころ勉強しておけばよかったなあ。」仮定法の問題。I wish の後は仮定法過去か仮定法過去完了。ここでは when I was young から判断する。昔のことを振り返って仮定するのであれば仮定法過去完了を用いるから had studied とする。

(2)「今，彼がここにいてくれたらなあ。」(1)との違いを確認しよう。when I was young に対して now とあるから「現在」のことを仮定している。仮定法で現在のことを仮定するときは仮定法過去を用いる。

(3)「もっと早く来ていたらパレードが見られたのに。」could have seen に注意する。仮定法過去完了では主節の動詞は〔助動詞過去形＋have＋過去分詞〕となる。ここから仮定法と判断する。次に，文全体の意味に注意しよう。「もっと早く来ていたら見られたのに」は「遅く来たから見られなかった」ということ。従って，条件の副詞節も仮定法過去完了だから had come とする。

(4)「100万ドルあったらどうしますか。」what would you do に注意する。would do から仮定法過去と判断する。従って〔If＋主語＋過去形の動詞 ～〕となるから，have → had とする。

(5)「ケン，もう寝る時間よ。」仮定法を用いた重要構文のひとつ。It is time A 過去形の動詞 ～ で「Aが～する時間だ」の意味になる。問題は下線部の動詞の時制。これは仮定法の過去の動詞で，仮定法過去ということは現在の事実の逆である。ここでの現在の事実とは「寝ていない，起きている」。その反対を仮定法で述べるから went となる。

3 (1)本文中に shut A up「Aを閉じ込める」が用いられている。

(2)「初めて」は4語なら for the first time。

(3)「～ではなく」は本文中では instead of ～ を用いている。

(4)本文の最後で rather than が用いられている。A rather than B で「BよりむしろA」の意味。

(5)「同時に」は at the same time でよい。

4 one day「ある日」，stand up「立ち上がる」，A pour out of B「AがBから流れ出る」，rush A to B「AをBへ急いで運ぶ」，a few days later「2，3日後」。it happened again の it は「吐血」のこと。最後の文に注意しよう。if it happened again, it could kill him の it も「吐血」のこと。it could kill him は無生物主語の文。「それは彼を殺すだろう」では工夫

が足りない。「また血を吐けば死にます」のように訳す。

全訳 人口の急増とともに，女性への結婚せよという圧力は減るだろうし，母親になれという圧力ははなはだしく減少するだろう。歴史上初めて，私たちは女性に向かって「あなたのいちばんの栄光は妻になることであり，母親になることである」と言わなくなるだろう。

女性の主な仕事は妻であり母親であることだと女性に向かって言うことで，私たちは男性の主な仕事は一家の稼ぎ手であることだとたいていの男性に言っていた。だから，男性はしばしば自分が最もやりたいことができなかった。私たちは，女性に5人の子どもがいなかったらすばらしい仕事をしていたかもしれない，と常々言っている。しかし，男性に5人の子どもがいなかったらすばらしい人生を送っていたかもしれない，と父親を見て思う人はいない。

あいつは株式仲買業者でなければ絵かきになれたかもしれない。相続した宝石店を経営していなければ音楽家になっていたかもしれない。女性を家庭に閉じ込めて妻であることと母親であることを要求するとき，人は同時に男性を閉じ込めて夫であることを求め，父親であることを求めているのだ。私たちは母親であることへの要求を減らしながら，父親であることへの要求を減らすことになる。そうして，私たちは多くの人を解放して個人となし，親としてよりもむしろ個人として貢献させることができるのだ。

💡 **長文を読むためのヒント 9**

《接続詞 and の働き》

今回の文章には and が何度となく登場します。and は初歩的で簡単な単語だと思う人が多いのですが，実は重要な単語であり，用法を正しく認識していなければ大きな間違いをしてしまいます。十分な注意が必要です。問題は「and は同じものと同じものをつなぐ等位接続詞」という点にあります。A and B とあればAとBは文法的に同じ働きのもの同士をつなぐということです。本文2～3行目で確認しましょう。

and the pressure to be mothers is going to be ～

2行目の and の後は the pressure を主語とした文です。1行目も the pressure...is going to be...の形になっており，and をはさんで同じ形の文がありますから，「同じものと同じものをつなぐ」と考えることができます。

注意しなければならないのは「and の直後」です。本文5～6行目に注目しましょう。and mothers とありますから「and は複数名詞をつ

ないでいる」と考えると，and の前に wives が
あり，and は wives と mothers をつなぐ働き
をしていることが分かります。9行目の and
thinks なら looks and thinks で，3単現の s
がついた動詞をつないでいることが理解できる
でしょう。14行目の and require は require が
動詞ですから，shut and require と，動詞と
動詞をつないでいるのです。14～16行目には
and はさらに3回用いられていますが，ここま
で説明すれば，何と何をつないでいるか理解で
きますね。

　等位接続詞，つまり，同じものと同じものを
つなぐ役目を果たす接続詞と考えて，and の直
後に注意しましょう。長文読解に役立つ情報の
ひとつです。

⑩ 地球と砂漠化　　　（pp.24～25）

☑解答
1 (1)①ウ　②ア
(2)アフリカがいつかはかつての美しい緑
に戻るかどうかはこれからのことだ。
2 (1)is in danger of exploding
(2)was the treaty put into effect
(3)have been moving forward with
3 (1)equal, to
(2)One, fifth
(3)linked, to
(4)small, number
4 (1)(自問しなければならない重要な問
題は，あなたが変化が好きかどうかとい
うことではない。)あなたが変化を好むか
どうかはまったく問題ではない。変化は
あなたの変化に関する意見とは関係なく
進むのだ。
(2)こういったある機会に，ブラッドフォー
ド大佐が話したがっている何か重要な
ことが存在することが明らかになったが，
大佐は何らかの理由で話すことをいやが
っていた。

🧑‍🏫解説
1 (1)この2つの問題で重要なことは「代名詞
this は前の文で述べたこととこれから述べるこ
とのどちらかを指すことができる」ということ
である。
①前後に注意しながら，内容からも判断しよう。
ここは直前が問題。世界で毎年約6万平方キロ
メートルが砂漠になっていることを，分かりや
すく，九州や四国を使って比較している。
②「これが農民の約80パーセントに影響を与え
ている」とあることから「アフリカの約3分の
1が砂漠化の危機にあり，そのことが…」と考
える。
(2)主語の It は形式主語，whether 以下が真主
語である。〔remain＋to be＋過去分詞〕で「こ
れから～されなければならない，まだ～されな
いでいる」の意味。
2 (1)「その原子力発電所は爆発の危険性があ
る。」be in danger of ～ で「～の危険性がある」。
(2)「その条約はいつ発効したのですか。」put
A into effect で「Aを実行する」となるが，
条約に関する文なので「発効する」とする。
(3)「生徒全員が彼らの計画を推し進めてきまし
た。」move forward with A で「Aを推し進

める」と考える。

❸ (1)「互角」は「等しい」と考えると be equal to ～ が出てくる。

(2)分数の問題。分子は基数詞，分母は序数詞で表す。分子が複数の場合は分母を複数形にする。例を挙げる。

　　5分の2＝two-fifths

なお，分数が主語の場合は単数か複数かにも注意しよう。通常，分数が主語の場合，分数の後には of ～ が続く。「～」の部分が単数なら，どんな分数でも単数扱いである。また「～」の部分が複数なら，どんな分数でも複数扱いである。例を挙げておこう。

　　One-third of the land is covered with snow.

　　One-third of the tomatoes are rotten.

(3)「関係がある」は be connected with も考えられるが，ここでは本文を優先して be linked to とする。

(4) a number of ～ で「たくさんの～」だが，a small number of ～ とすると「わずかな～」。

❹ (1)下線部の It は形式主語。matter は「重要である」を意味する動詞。〔if＋S＋V ～〕は「～かどうか」の名詞節で，この部分が真主語である。if you like it の it は change「変化」のこと。go on で「進む」，independent of ～ は「～とは関係なく」で直前に being が省略された分詞構文である。

(2)ここも it は形式主語。clear の直後の that 以下が真主語である。something of importance で「何か重要なこと」。of importance で important と同じこと。importance の直後の that は関係代名詞で，先行詞は something である。for some reason は「何らかの理由で」を意味するが，some の直後であっても reasons と複数形にしていない。some の直後に可算名詞の単数形を置くと，some は「何らかの，ある」の意味であって「いくつかの」ではない。注意！　be reluctant to do ～ で「～するのをいやがる」。

全訳　世界中で，毎年，約6万平方キロメートルの大地が砂漠になります。これは，九州と四国を組み合わせた島にほぼ匹敵する広大な大地が生産性を毎年失っている，ということです。状況は特にアフリカが厳しいのです。アフリカの全土のおよそ3分の1が砂漠化の危機にあり，これが農民のおよそ80パーセントに影響を与えてきました。砂漠化の最大の原因は，過剰な農業と土地の管理の失敗を含め，人間が作り出したもので，こういったことが発展途上国の人口急増と結びついているのです。

　1996年，砂漠化条約が発効し，以来，少数の国が地元に合ったレベルでの行動計画を推し進めてきました。しかし，砂漠化についての意識は世界的にかなり低いままで，資金は乏しいのです。アフリカがゆくゆくはかつての緑の美しい大地に再生できるかどうかはこれからのことです。

> **長文を読むためのヒント ❿**
> **《形式主語 It について》**
>
> 　It を形式主語として用いる用法をよく見かけます。例文で確認してみましょう。
>
> 　It is interesting to read detective stories.
>
> 　It is clear that the earth goes around the sun.
>
> この2例では文頭の It はもちろん形式主語で，その後にある to 不定詞と接続詞 that に導かれる節が真主語です。日本語に直す場合は It を「それは」などと訳してはいけません。通常は to 不定詞や that 以下から訳していきます。第1例なら「推理小説を読むことは～」と訳し始めればよいのです。
>
> 　さて，上記の例のように典型的な形をしている場合は，皆さんは誤解することなく理解できると思います。しかし，今回の本文の最後の文のように，真主語が接続詞 whether に導かれる節である場合もあります。さらに，次のような例もあります。見てみましょう。
>
> 　It is important how you will finish this work.
>
> 　It is not important when she will arrive here.
>
> この2例でも It は形式主語で，それぞれ how 以下と when 以下が真主語です。この2例の真主語はもちろん主語ですから名詞節ですが，見方をかえれば「間接疑問」ということもできます。つまり，上記の2例の真主語からは次のような疑問文が考えられます。
>
> 　How will you finish this work?
>
> 　When will she arrive here?
>
> このように，真主語は to 不定詞や that に導かれる名詞節だけとは限定されません。真主語が動名詞の場合もあります。どのような形であれ，正確に読み取ることができるようにしましょう。そのためには形式主語の基本形をよく確認しておくことです。
>
> 〔It＋be＋形容詞（名詞）＋to〔that, whether, 疑問詞〕～〕に注意しましょう。

⓫ 異文化での生活　　　(pp.26〜27)

☑ 解答

1 (1)① F　② T　③ T　④ F　⑤ T
　　(2) either
2 (1) narrow
　　(2) disadvantage
　　(3) caught
　　(4) land
3 (1) Finding
　　(2) had to
　　(3) because
　　(4) where
4 (1) such as
　　(2) the most beautiful
　　(3) enjoyed camping
　　(4) between, and
5 昨日，大学から手紙が届きました。手紙には，私が奨学金をもらえることになったと書かれてありました。私が無料で大学に通えることになるとは夢にも思いませんでした。

👤 解説

1 (1)①他の国や文化に住むことは，筆者にとっていつもストレスになる。（F）　第1パラグラフ第1文に「異文化での生活は面白いが，ストレスもたまる」とある。
②筆者の乗った飛行機がもう少しで川に着陸しそうになったので，筆者は怖い思いをした。（T）　第1パラグラフ第4〜5文の内容に合致。
③筆者は服が完全に乾いたと感じることは全くなかった。（T）　第2パラグラフ第3文の内容と合致。
④筆者は泳ぎながら魚を捕まえた。（F）　第2パラグラフ第5〜6文の内容と不一致。筆者は泳ぎながらではなく，釣り船に乗って魚を捕まえた。
⑤筆者は熱帯雨林を訪れ嬉しかったが，家に帰れたこともまた幸せに感じた。（T）　第3パラグラフの内容と一致。
2 (1) small の反意語は large なので，空所には wide「幅が広い」の反意語である narrow「幅が狭い」が入る。
(2) usual に否定の接頭辞がつくと unusual「まれな，普通でない」となるので，空所には advantage「利点，利益」に否定の接頭辞 dis をつけた disadvantage「不利，損失」が入る。
(3) have の過去形と過去分詞は had なので，空

所には catch の過去形と過去分詞である caught が入る。
(4) push「押す」の反意語は pull「引く」なので，空所には take off「離陸する」の反意語である land「着陸する」が入る。
3 (1) <u>Finding</u> a new apartment was difficult.「新しいアパートを見つけることは難しかった」
　「見つけること」という意味の語は Finding のみ。動名詞は「〜すること」という意味で，文章の中では「主語」「目的語」「補語」として使われる。
(2) I <u>had to</u> take a train to get to school when I was a high school student.「私が高校生のとき，学校に電車で行かなければならなかった」
まず，when 以下に注目すると，過去時制の話であることがわかる。そのため，空所に入るのは過去時制である had to。must には「〜しなければならなかった」という意味はない。
(3) I couldn't buy anything at the store, <u>because</u> I left my wallet at home.「私は店で何も買うことができなかった。なぜなら家に財布を置いてきたからだ」空所の前と後の文の流れを見ると，「店で何も買うことができなかった」のはなぜなのか，その理由にあたることが空所の後ろに書かれていることがわかる。そのため，空所には原因・理由を表す because が入る。
(4) Sapporo is the city <u>where</u> I lived thirty years ago.「札幌は私が30年前に住んでいた都市です」空所の直前にある the city と空所の後ろの I lived thirty years ago をつなぐのは，関係副詞の where。I lived の後ろに場所を表す表現が抜けていることがわかる。
4 (1) A, such as B で「Bのような A」という意味で，B には A の具体例がくる。
(2) 最上級を表す表現。beautiful が三音節であるため，比較級，最上級をつくる際は more, the most がつく。
(3)「〜することを楽しむ」は enjoy 〜ing で enjoy の目的語に動名詞がくる。不定詞を目的語にとることはできないため，注意すること。
(4) between A and B で「A と B の間に」という意味。
5 2文目の said(say) は手紙や新聞などを主語にとり，「（手紙などに）〜と書かれてある」という意味。3文目は Never という否定語が文頭に出てきたことによる倒置が起きているため，Never 以下が疑問文と同じ語順になっている。

異文化での生活は面白いが，ストレスもたまる。私がこれまでに住んだり訪れたりした18の国の中で，コスタリカでの生活は最も変わったものであった。私は首都サンファンからコスタリカの東側にある熱帯雨林まで，4人乗りの古い飛行機で行った。飛行機が着陸したのは，カリブ海と川に挟まれた短くて狭い土地だった。本当に怖かった！

　そこから宿泊先のロッジまでは，細長い木製のボートで移動した。ロッジの前には川があって，その奥には熱帯雨林が広がっていた。毎日雨が降っていたため，私の服はいつも少し湿っていた。ロッジには洗濯機もテレビも電話もなく，シャワーのお湯も出なかった。毎日，川で魚を捕ってきて夕食にした。小さな漁船からは，カイマンやカメが見えた。川の幅はそれほど広くないため，猿が木から木へと飛び移って川を渡っていくこともよくあった。夕食は毎晩，米，魚，そしてバナナ，パパイヤ，プランテインなどの南国の果物を食べた。

　熱帯雨林での滞在はとても楽しかったのだが，家に帰って熱いシャワーを浴びてテレビを見ると，とても幸せな気持ちになった。

長文を読むためのヒント⓫

《倒置について》

　皆さんは倒置を中学1年のときから勉強してきています。このように言うと「？？？」でしょうか。それでは，実際に皆さんが中学で学習してきた倒置を下記に例文で示してみましょう。確認してください。

①Are you a junior high school student?

②There is a small park near my house.
いかがですか。「これのどこが倒置というのか」ですって？そこが問題です。ここで，倒置の基本を確認しましょう。

　倒置：〔主語＋動詞〕の語順が変わること

　この考え方からすれば，例文①と②は倒置になります。つまり，疑問文や〔There＋be動詞＋主語＋〜.〕の文は，主語と動詞の位置が逆転していますから「倒置」ということになるのです。

　では，今回はどこに倒置が用いられていたのか。本文から抜き出してみましょう。

③In front of the lodge was the river and behind it was the rainforest.
この文は第2パラグラフの2文目にあります。was the river と was the rainforest の部分が倒置になっています。そこで，次に問題になるのが「なぜ倒置が起きるのか」です。ここでは場所を表す表現を文頭に出すことによって倒置

が起きています。In front of the lodge と behind it という場所を表す表現を先に出すと，そのあとの語順が動詞＋主語の順番になっている，つまり倒置になるというわけです。じつはこれは先ほどの例文②There is a small park near my house. と同じ理由なのです。There も場所を表す表現ですよね。そしてこの倒置は，否定語を文頭に出す場合も起こります。例文を確認しましょう。

④I have never eaten sushi.
　　　↓
Never have I eaten sushi.
このように，否定語を文頭に出すことによってI have never eaten が Never の後で have I eaten の語順になっています。では，本文の文③は倒置が起きる前のもとの語順はどうだったのでしょうか。それは下記の通りです。

③The river was in front of the lodge and the rainforest was behind it.
　以上のように，倒置は非常に身近にあったのですが，気づかず，知らぬ間に学んでいたものだったのです。私たちは，今回のように，否定語や場所を表す表現を文頭に出すことによって起こる倒置，第2文型〔S＋V＋C〕が〔C＋V＋S〕の語順になる倒置などが幅広く用いられた文章を数多く読まなければならないでしょう。そのときに迷うことなく読み進められるように，倒置の知識をしっかり身につけてください。

⑫ 医者の使命　　(pp.28〜29)

☑ 解 答

❶ (1)イ
　(2)①ウ　②エ

❷ (1)Get, up, or
　(2)Study, harder, and
　(3)have, to

❸ (1)in, full, swing
　(2)right, away
　(3)waits, up, for
　(4)are, on

❹ (1)国連は世界の「警察」ではない。しかし，もしある国が市民の世話をし，守ることができなければ，そのときその国は外部から「治安を保たれる」必要がある，と多くの他の人々は信じている。
　(2)例えば，もしある国の環境汚染が他国に死や病気をもたらしているのであれば，国際的な共同体が行動を起こす準備がなければならない。

🗣解説

❶ (1)下線部は「その思い」という意味だが，この部分を訳せば「その思いがクレイグ先生に速度をもっと上げて運転させた」となる。つまり，医者のクレイグ先生は患者を思って車の速度を上げるのだから，直前に注意するとよい。
　(2)①奥さんの発言は Do you have to go out? だけで，クレイグ先生も If it is an urgent case, I have to go. などとしか言っていないから，アとイはあり得ない。
　②話全体から分かることは「いくら言われても寝ない子どもに手を焼く親が，医者を呼ぶと言って，実際に医者を呼んだ」ことである。ここまで話が理解できればアとイは本文と一致しないし，最後の場面からウも却下されることが理解できるだろう。
❷ (1)「今起きなければ，また遅刻よ。」意味に注目しよう。「〜しなさい。さもなければ…」は〔命令文，or...〕で表現するか If 〜 を用いるかである。
　(2)「もっと一所懸命勉強すれば，試験に受かるだろう。」ここは(1)と逆に「〜しなさい。そうすれば…」だから〔命令文，and...〕の形である。
　(3)「今行かなければなりませんか。」助動詞 must は have to で置きかえることができる。
❸ (1)「最高潮である」を be in full swing で表す。

(2)「すぐに」は表現方法がいくつかあるが，今回は right away が本文で用いられている。
　(3)wait up for 〜 で「〜を寝ないで待つ」の意味。
　(4)直後に名詞がないことから副詞の on と考える。意味は「ついている」。私たちは日常生活でスイッチなどを見て「オン」「オフ」を確認しているが，「オン」は on「ついている」である。
❹ (1)the UN は the United Nations「国際連合」のこと。問題文の第2文は〔people believe that＋S＋V 〜 〕の構文。that 以下は believe の目的語だが〔If＋S＋V 〜，S＋V... 〕の形をしている。care for 〜 で「〜の世話をする」。then の直前にコンマを置いて文構造を考える。then は「その場合は」などの意味。that country はその前の a country のこと。police は「治安を保つ」の意味。
　(2)文全体の構造は〔If＋S＋V 〜，S＋V... 〕。environmental pollution で「環境汚染」，cause は「もたらす」，another は another country のこと。be prepared to do 〜 で「〜する準備ができている」。

全訳 ファミリーパーティーが最高潮のところで電話が鳴りました。クレイグ先生がその電話に出ました。クレイグ先生はしばらく注意深く話を聞いて，それから「すぐに参ります」と言いました。「行かなきゃいけないの？」と先生の奥さんが尋ねました。「緊急なら行かなくちゃ」とクレイグ先生が答えました。「万一遅い場合は寝ないで待つことはないよ」。クレイグ先生はやみの中へと車を走らせました。「急がなければ遅すぎてしまうかもしれない」と先生は考えました。そう思うと先生は車の速度をさらに上げました。1時間車を走らせて，クレイグ先生はある家に着きました。明かりはすべてついていました。「家族全員が起きているとしたら，事態は深刻に違いない」とクレイグ先生は考えました。一人の女性が玄関をすぐに開けました。「ああよかった。先生，来てくださったんですね」とその女性が大声で言いました。「娘なんですよ。」眠そうにした，6歳くらいの子どもが寝巻き姿で現れました。「言ったんですよ」と母親，「『寝なさい。寝なかったらお医者様を連れてくるからね』って。分かったでしょう。」母親は子どもに向かって叫びました。「お母さんはやったわ。ほら，お医者様よ！」

💡長文を読むためのヒント ⑫
《和訳したときの違和感》

　今回の冒頭の文を日本語に直すとき，問題なく訳せましたか。また，和訳した日本語を読み直して，分かりやすく，だれが読んでも違和感

のない日本語でしたか。なぜこのようなことを聞くのでしょうか。

　皆さんは冒頭の文を「電話が鳴ったときファミリーパーティーは最高潮でした」と訳しましたか。また，私が訳した「ファミリーパーティーが最高潮のところで電話が鳴りました」を読んでどう思いましたか。「電話が鳴ったとき～」と訳して間違いではありませんが，次の例文を見てください。

　I was eating lunch when the phone rang.
〔桃山学院大〕

この文を日本語に置きかえると「電話が鳴ったとき私は昼食を食べていた」となり，私が訳したようにすれば「昼食を食べていたら電話が鳴った」となります。冒頭の文とかわりありません。もう1つ例文を挙げます。

　Lisa had been working on the problem for five hours when she finally solved it.
〔京都産業大〕

この文を「電話が鳴ったとき～」の方式で訳すと「リサがついにその問題を解いたとき5時間取り組んでいた」となり，何かおかしな日本語になってしまいます。しかし「リサはその問題に5時間取り組み，やっと解いた」となると分かりやすい日本語になります。

　ここで問題にしたいのは，
①冒頭の英文を日本語に訳すときどう訳すか，と②和文英訳への利用です。

　①については，最初の例文で和訳に2通りの可能性があるように，どちらに訳しても問題はないでしょう。しかし，②については注意が必要です。つまり，仮に「昼食を食べていたら電話が鳴った」と「リサはその問題に5時間取り組み，やっと解いた」を英語に直しなさい，という問題が出されたら，それに対してどのように答えるかということです。もちろん，例文以外の答えもありますが，日ごろからこなれた和訳を身につけておき，それを英作文に利用することを皆さんに実践してもらいたいのです。

　おそらく，皆さんは英文を日本語に直すことはかなり多くやっていることでしょう。それを単なる作業と思いながらこなすか，それとも，日本語に対する工夫や考え方をかえて取り組むかということです。考えてみてください。

⓭ 日本とバナナ　　　　　(pp.30〜31)

☑ 解答

1 (1)エ　(2)ウ

2 (1) latter
　(2) export
　(3) grown
　(4) south
　(5) inexpensive

3 (1) Almost, all, of
　(2) grown, on
　(3) as, for
　(4) Thousands, of

4 プレミアリーグかフットボールリーグかのどちらかで競技をするプロのクラブが集まった大きな団体が2つある。また，2つの大きな大会があって，1つはリーグカップで，勝ち点形式である。もう1つはFAカップで，勝ち抜き(トーナメント)形式のものである。

💬 解説

1 (1)第3パラグラフに注目しよう。as Japan began to ～ の部分で「ミンダナオ島」が登場する。as は「～なので」と理由を表す接続詞。as は多義語なので，原因・理由の意味を明示するときは because，特にアメリカでは since が用いられる。

(2)本文12行目の set up は「建設する」などの意味を持つ。問題文の were built by と合致する。建設した国は Japan and the United States とあるから2か国である。

2 各組の語と語の組み合わせの内容をつかもう。
(1)と(2)は「小〔低〕と大〔高〕」つまり反意語を求められている。(3)は「原形と過去分詞」の関係である。(4)は「東西」に対して「南北」である。(5)は「反意語」であるが，否定の接頭辞をしっかり整理することが重要だ。

3 (1)「ほとんどすべて」をどのように表現するかが問題。「すべて」は all を用いる。「ほとんど」は almost。注意は2点。第1は almost all の語順。第2は all the students か all of the students か。意味は同じだが，(　)を埋める場合，語数の違いは重要だ。

(2)「栽培する」は grow。ここは受動態。grow ― grew ― grown の活用に注意する。island の前置詞は on が一般的である。

(3)「～として」は as を用いる。「～への」は for。

(4)「何千もの」は thousands of ～ とするが，複数形の s を忘れないこと。通常は thousand に s は不要。「5000」は five thousand で s はつけない。慣用的に tens of thousands of ～「何万という（多数の）～」の場合などは thousands となる。

4 問題は関係代名詞 which。継続用法と限定用法がそれぞれ登場している。1行目の which は限定用法。3行目の which は継続用法。先行詞の補足的な説明をしていて，「リーグカップは，勝ち点形式のもので～」となる。either A or B「AかBかどちらか」，be based on ～「～に基づいている」。

全訳 南米は現在世界のバナナのおよそ45パーセントを生産しています。しかし，日本に輸出されるバナナのほとんどはフィリピンのミンダナオ島産です。

バナナは安価な果物で，スーパーマーケットでは1房約200円で買うことができます。しかし，長い間，バナナは日本ではぜいたくな果物と考えられていましたし，主に入院患者へのお見舞いや，また，お祝いの贈り物として購入されていました。

バナナの地位が1960年代後半に劇的に変化したのは，日本がミンダナオ島からバナナを大量に輸入しはじめたからです。日本とアメリカの4つの大きな会社が，このころにミンダナオ島に農園を切り開いたのです。こうした農園にはバナナに除草剤を散布する飛行機用の1500メートルの滑走路があります。この農園では何千人もの労働者を雇っています。現在日本で販売されるバナナのほぼ75パーセントはミンダナオ島産です。

💡 長文を読むためのヒント ⓭
《関係代名詞の継続用法》
　本文4行目に which が用いられています。この which の直前にはコンマ(,)がありますが，コンマがある場合とない場合とではどのような違いがあるのでしょうか。例文で確認してみましょう。

He has two sons, who are teachers.
〔継続用法〕

He has two sons who are teachers.
〔限定用法〕

コンマがある場合を継続用法，ない場合を限定用法といいますが，2つの違いを日本語では
「彼には息子が2人いて，2人は教師だ。」
〔継続用法〕
「彼には教師をしている息子が2人いる。」
〔限定用法〕
のように表すとよいでしょう。内容の違いは分かりますか。違いは息子の人数です。継続用法

の場合は息子は2人ですが，限定用法では3人以上いることが考えられます。つまり，「教師をしている息子」のほかに教師以外の職業についている息子がいることが考えられるのです。

　一般に，関係代名詞の継続用法の文を日本語に訳す場合は，関係代名詞を接続詞と代名詞に置きかえて訳す，といわれています。ここでいう接続詞とは and，but，because などです。代名詞とは先行詞を代名詞にしたものです。上記の例文を使って説明しましょう。

He has two sons, who are teachers.
↓
He has two sons, and they are teachers.
ここで and を用いたのは，and が He has two sons と they are teachers をつなぐ役目を果たしているからで，この場合 and，but，because の中で2つの文をつなぐのにいちばんふさわしいのは and と考えられます。最後にもう1つ例を挙げます。

I will employ the man, who can speak Chinese.
↓
I will employ the man, because he can speak Chinese.

⑭ 資源を大切に　　　　　（pp.32～33）

📝 解答

1 (1)① イ　② ア　③ エ
(2) エ

2 (1) not only, but also
(2) The number of
(3) less harmful

3 (1) It won't <u>be easy for us to find</u> a new kind of resources.
(2) The beautiful starry sky <u>can be seen</u> from here.
(3) The problem is that <u>more and more children</u> don't play outside.

4 動物界の音声は，体の大きさを誇張することにあふれている。動物はそれを使ってライバルを追い払ったり，仲間を集めたりする。

🗣 解説

1 (1)① 第2パラグラフで筆者は天然資源の利用を減らすことの必要性について述べている。そのため，「より少ない天然資源」という流れにするにはイ fewer（より少ない）が入る。
② 空所の前と後ろの話の流れを見てみると，空所の前には再利用の問題点が挙げられているが，空所の後ろでは再利用のメリットは明らかであると述べられている。この内容を自然につなぐのはア Still（それでもなお）である。
③ 空所の前後には，「リサイクルすること」と「原材料から作ること」のどちらが環境にやさしいか，ということが述べられている。そのため，エ producing articles from raw materials（原料から製品を作ること）が入る。
(2) 全体をまとめると，「天然資源が枯渇しつつある中，どのようにして天然資源を守っていくか」ということが具体例と共に展開されている。このことにより，エ「天然資源を保護するための，様々な手段」が正解。ア「世界では天然資源がどのように消費されているか」，イ「私たちはなぜ新しいエネルギー資源を見つける必要があるのか」，ウ「環境問題についての人々の認識」

2 (1) not only A but also B で「A だけでなく B も」という意味。
(2) the number of ～ で「～の数」という意味。これは単数扱いなので，問題文でも The number of children is declining year by year. になっていることに注意。

(3) more には程度を強める働きがあるが，逆に程度を弱める働きがあるのは less。

3 (1) It is ＋形容詞＋ for ＋人＋ to do の形が未来形，かつ否定になっているだけである。このように少しひねりが入ると一気に難しく感じてしまうが，与えられた日本語を参考に落ち着いて解答しよう。
(2) can be ＋過去分詞で「～されることができる」という意味。
(3) The problem is that S ＋ V. で「問題は～だ」という意味。

4 exaggeration は「誇張」という意味。ここでの size は「体の大きさ」という意味で，exaggeration about size に which 以下の表現を続けることで，なぜ体の大きさを誇張するのかという目的が補足されている。

全訳　世界の天然資源は驚くべき速さで使い尽くされようとしている。石炭，石油，ガスなどの化石燃料だけでなく，水，木材，金属，鉱物なども不足している。これは，地球上の人々に深刻な結果を与える可能性がある。そのため，近年では個人や政府が世界の資源をよりよく管理することにより関心を寄せている。問題は，代替エネルギーによる解決が重要である一方で，その実現が必ずしも容易ではないことである。しかし，ひとつの方法として，すべての人に「減らし，再利用し，リサイクルすること」を促すことができる。

　私たちは日々，天然資源の使用量を減らすことを学ばなければならない。まずは，コンセントに差したままになっている電気製品の数を減らし，必要のないときは電気を消し，水の使用量を減らし，車や飛行機の使用を極力避けることから始めよう。もちろん，エネルギーや水の使用量，旅行を減らすように人々を説得するのは難しいが，電気，水，飛行機旅行などの必須なものの料金を高くすることで，無駄の少ない方法を採用するように人々を動機付けようとしている都市もある。その実現のために炭素税を導入しており，これは正しい方向への一歩と言えるだろう。

　物を再利用することも，エネルギー効率を高める方法のひとつである。古くなって不要になったものを，再び使える状態に戻すことはよくある。例えば，ガラス瓶は洗浄して再利用することができる。しかし，この方法では，多くの費用がかかる準備を必要とすることが多い。また，医療機器や食品の保存容器などを再利用する場合，安全性や衛生面での問題もある。それでも，物の再利用のメリットは明らかである。

　紙やプラスチックなどの素材が，新しい製品に再生されることは誰もが知っていることである。これは，原材料から製品を作るよりもエネルギー消費が少なく，環境への負荷が少ないことを意味している。確かに，

リサイクルの前に使用済みの素材を選別するのは汚れやすく大変な作業であり，希少な金属をリサイクルするために電子機器を分解するのは時間がかかり，危険も伴う。しかし，その危険性を理解すれば，コミュニティ単位でのリサイクルの必要性は明らかである。

長文を読むためのヒント ⑭
《話題・題材への興味・関心を広げよう》

今回の長文の題材は天然資源に関する問題でした。天然資源と一言で言っても，本文では天然資源の種類，天然資源の問題，そして天然資源をいかに有効利用していくかなどについて取り上げられています。高校生の皆さんにとって日常生活からかけ離れた話題でしょうか。それともよく知っている話題でしょうか。その答えは人によって異なるでしょうが，受験という観点からすると，今回の天然資源のテーマは知っているべき題材です。なぜでしょうか。

実は，入試で用いられる英文の内容は法律，経済，医学，生物，科学，化学，福祉，教育，文学，環境，比較文化など多岐にわたります。何を出題するかは大学の問題であり，受験生には，何が出てきても，問題文を読み，問題に答えるだけの能力と知識が求められているのです。

では，受験生はどうすればいいのでしょうか。大切なことがいくつかあります。第一に，新聞やニュースに関心を持ち，日々読み，聞くことです。また，あらゆる分野の授業や講座を真剣に受けることです。「文系だから理科や数学に目を向けない」「理系だから歴史や国語をおろそかにする」という姿勢ではなく，知識欲が旺盛になって，日本語であれ，英語であれ，書籍やインターネットなどを含めたさまざまな媒体から情報や知識を大いに吸収するのです。

なぜこのようなことを言うのでしょうか。実は，受験生を教えてきた経験からです。衝撃を受けたのは，英文を読み終えてから配布された和訳を読んだ生徒が「和訳の日本語が理解できない」と口にしたときでした。ここから言えることは「何語で何を読んでも，その分野の知識，情報がなりければ，内容をしっかり埋解することは難しい」ということです。

あらためて，皆さんに次のことを呼びかけておきます。

①日ごろの授業を大切にしよう！

②新聞を毎日読もう！

③ニュースを毎日見よう！

④関心の幅を広げて，さまざまなものを吸収しよう！

⑤知識，情報をできるだけ大量に吸収しよう！

⑥英語の長文を読むときは獲得した知識，情報を生かしながら読み進めよう！

皆さんの努力を期待しています。

⑮ 犬語が分かりますか？ （pp.34〜35）

📝 解答

1 (1)① four dogs and two cats
② mental pictures
④ their pets
(2) with
(3)⑤ stolen
⑥ Searching

2 (1) with
(2) like
(3) from
(4) as
(5) turn

3 (1) Finding
(2) Admitting
(3) Seeing
(4) arriving

4 (1)日曜日だったので，ほとんどすべての店が閉まっていました。
(2)タクシーがまったくいなかったので，歩いて家に帰らなければなりませんでした。

🗣解説

1 (1)①「犬4匹と猫2匹を飼っている」「彼らと話すことができる」とあるから them は「犬と猫」のこと。ただし，5語だから dogs and cats では正解にはならない。② transmit の意味に注意する。これは「伝える」という意味で，ここで伝えられるのは pictures だが，2語だから mental を含めて答えなければならない。④ talk to に注意する。「〜に話しかける，〜と話をする」の意味だから，ここでは pets と話をすることが文脈から判断できる。答えとしては their も含める。
(3)⑥は分詞構文の問題で，<u>The dog's owner searched several kennels and found her dog</u> ... が元の文である。本文は，下線部を分詞を中心とする句にした形式の文になっている。

2 (2)「〜に似ている」は resemble もあるが，look を用いて2語なら look like 〜。
(4)文全体は命令文。問題は「〜のように」をどう表すかである。通例では as が用いられる。
(5) in turn「今度は」

3 この4問は分詞構文への書きかえ問題。
(1)「彼が出かけているのが分かったので，すぐに帰宅しました。」because＝理由。
(2)「君の言うことは認めるけれども，君の計画

をあきらめるべきだと僕はまだ思っている。」though＝譲歩。admit の -ing 形は t が重なることに注意する。
(3)「その警官を見ると，彼は逃げ出しました。」when＝時。
(4)「列車は3時に東京を出発し，6時に京都に到着しました。」and＝付帯状況。

4 この2問は独立分詞構文。**3** との違いは，**3** では分詞の意味上の主語と主節の主語がすべて同じだが，ここでは異なるという点である。
(1)主節の主語は stores，副詞節の主語は it。
(2)接続詞を用いて表すと As there was no taxi, I had to walk home. だが，下線部を副詞句にしたのが設問の文である。下線部の主語は There ではなく taxi である。

全訳 ベアトリス＝クラインは4匹の犬と2匹の猫といっしょにカリフォルニアで暮らしています。ベアトリスは，自分の飼い犬や飼い猫に語りかけてその気持ちを理解できると信じています。数年前のこと，ベアトリスは通りを歩いていて，すでに死んでしまった，とてもいとしかった前の飼い犬に非常によく似た犬を見かけました。突然，ベアトリスはその見知らぬ犬の気持ちを読みとることができると思ったのです。そこで，ベアトリスはいくつかのイメージを思い浮かべて，それをその犬の心に伝えるというやり方で，その犬に「話しかけ」始めました。すると，今度はその犬が，いくつかのイメージを投げ返してきた，とベアトリスは言いました。多くの人々はベアトリスの言うことを疑っていますが，ベアトリスが自分たちのペットと気持ちを伝え合うことができたと確信する人々も数人いるのです。これらの人々は，ベアトリスが遠くにいる彼らのペットと「交信する」ことによって，そのペットがどこにいるのかを突き止めたり，ペットの病気を発見したり，ペットの感情的な問題を解決さえしてくれたと思っています。ある日のこと，1匹の犬が飼い主の車から盗まれました。ベアトリスは心の中でこの盗まれた犬と接触し，この犬がある犬小屋の中にいて，スコッチテリア犬のそばにいることを知りました。いくつかの犬小屋を捜し，犬の飼い主は自分の犬を，まさにベアトリスが言っていた通りの状態で見つけ出したのです。

💡**長文を読むためのヒント ⑮**
《分詞構文の考え方》
　分詞構文については前にも取り上げましたが，ここでは分詞構文全般について考えることにします。では「分詞構文って何？」から始めましょう。答えは，「分詞を中心とした副詞句」となります。そして，その副詞句の意味は大別し

て5通りあります。例文とともに示してみましょう。

　Coming across one of my old friends, I was very happy.（As I came across ～）
理由＝「旧友の1人にばったり出会ったので，私はとてもうれしかった。」

　Waiting for you, I saw your parents.（While I was waiting for you, ～）
時＝「君を待っているときに，君の両親を見かけたよ。」

　Behaving as I told you, you'll not be scolded.（If you behave as I told you, ～）
条件＝「私が言ったように振る舞えば，しかられることはないでしょう。」

　Having a lot of homework, the boy went swimming.（Though the boy had ～）
譲歩＝「宿題がたくさんあったけれども，少年は泳ぎに行きました。」

　Opening the door, he told her to come in.（He opened the door and told ～）
付帯状況＝「彼はドアを開けて，彼女に入るように言いました。」

　分詞構文の意味は分詞構文が修飾する主節や前後の文脈によって決まります。例えば，最初の例文ではI was very happy が主節ですが，「とてもうれしかった」とあるからその理由として「旧友に出会ったから」と考えることができます。従って，主節との関係から考えて「理由」と判断します。

　ところが，分詞構文は意味があいまいになる場合もあります。次の例文を見てください。

　Seeing a policeman, he ran away.
この例文では下線部が分詞構文ですが，その意味を「彼は逃げ出した」の主節に合わせるとすれば，「警官を見たときに（時）」や「警官を見たので（理由）」または「警官を見たけれども（譲歩）」のように考えることもできます。最初の2つの訳例では「悪事をしでかしたから逃げ出した」と判断されますが，3つ目では「警官に保護を求めたはずの人間が逃げ出した」と考えることもできます。このように，分詞構文にはあいまいさがありますから，前後の文，つまり文脈にも注意しなければなりません。

　最後に，分詞構文の書きかえについて触れておきます。最初の例文（As I came across ～）を使って，副詞節から分詞を中心とした副詞句に書きかえる手順などを確認しましょう。
①副詞節の接続詞を取る。→ As を取る。
②副詞節の主語と主節の主語が同じかどうか確認する。主語が同じならば，副詞節の主語を取る。→ I を取る。
　（主語が異なる場合はそのまま残す。）
③副詞節の動詞の時制と主節の動詞の時制が同じかどうか確認する。時制が同じならば，副詞節の動詞を現在分詞にする。
　→ came を Coming に。
　（副詞節の動詞の時制が，主節の動詞の時制より前の時を表す場合は「Having＋過去分詞」にする。）

　本文の ③ と ④ では，この説明が問題として出題されています。見直しておきましょう。

⑯ 航空券はいくら？ (pp.36〜37)

📖 解答

1 ウ, オ

2 (1)イ (2)エ (3)ウ

3 (1) from (2) by

4 (1) Half of

(2) twice as, as

(3) be made

5 アメリカでは，ペットは驚くほど愛されています。2015年のハリスの調査によると，95%の飼い主が動物を家族の一員として考えています。その約半数の飼い主がペットに誕生日プレゼントを買っています。ペットを飼っている人は，そうでない人よりも血圧や心拍数，心臓病のリスクが低い傾向にあります。

📝 解説

1 **ア**セール料金は3月の15日間のみ有効である。**イ**クレジットカードでの支払いができる。**ウ**ビジネスクラスのチケットはセール価格で購入できる。**エ**3歳の子どもは有料である。**オ**チケット代の10%を税金として支払う必要がある。**カ**電話でチケットの予約をすると，オンラインで予約するよりも高くなる。

2 (1)学生1人が3月12日にスコットランドへの片道チケットを電話で予約するため，1,300ドルに10%が上乗せされ，1430ドルが正解。

(2)大学生2人が3月2日にバンクーバーに行き，そして3月8日に日本に帰ってくるので，バンクーバー行きの往復が2人分の計算になり，3,200ドルかかる。

(3)両親と10歳の女の子の3人家族が3月7日から14日までの台湾旅行へ出かけ，オンラインで予約を取るため，大人2人の往復料金と子供1人の往復料金となる。ただし，10歳の子供は大人の半額で利用できる。よって，600ドルが正解。

3 (1)prevent A from 〜ing で「Aを〜から守る」という意味。「複雑なパスワードはあなたのコンピュータが悪用されることから守ってくれる」。また，from A to B で「AからBまで」。日付や場所を表す表現などと共に使われる。「私の姉(妹)は2022年の8月から2023年の5月までカナダに行く」

(2)by は差を表す働きをすることがある。今回の場合は「マイクはトムより4歳年上である」という意味。また，little by little で「少しずつ」

という意味。「ガソリンの価格は少しずつ上がっている」

4 (1)half は半分という意味。4分の1は quarter。

(2)twice は「2倍」を表す表現。twice as 〜 as …で「…の2倍〜」という意味。3倍であれば three times as 〜 as …となる。

(3)make reservations で「予約を取る」。助動詞が使われた受け身の形にするには，can be made にする。

5 間違いやすいのが，About half buy them birthday presents. の訳し方であろう。主語の about half，そして目的語の them が誰を指しているのかを文脈から正確に読みとる必要がある。まず，主語の about half は直前の95% of owners「飼い主の95%」を指している。そして them はペットのことである。このことから，「その約半数の飼い主がペットに誕生日プレゼントを買っている」という和訳になる。

全訳 フェニックス航空

大阪からの割引料金：

東京行き 90ドル

台南(台湾)行き 120ドル

バンクーバー(カナダ)行き 800ドル

ポートランド(アメリカ)行き 1,000ドル

エディンバラ(スコットランド)行き 1,300ドル

全ての価格は税込みです。料金は3月1日から3月15日まで有効で，片道のエコノミークラスの料金です。往復の料金は片道料金の2倍です。3歳から11歳までの子どもの料金は大人料金の半額です。割引はビジネスクラスとファーストクラスには適用になりません。当社のウェブサイトで予約してください。主要なクレジットカードすべてでお支払いできます。0120-555-4649にお電話いただいてもチケットの予約が可能です。電話による予約は10%の手数料が追加されます。

💡 長文を読むためのヒント ⑯

《%は単数か複数か》

本文の最後の文を見てください。A 10% surcharge is added to all reservations made by phone. という文があります。ここで，10%なのに，なんで冠詞のAがつくんだろう？10%は複数じゃないの？と思う人もいるでしょう。実は，この文の場合，「10パーセントの手数料」というのは一つのまとまり，つまり単数として使われているのです。これは英作文のときなど生徒自身が英語で表現するときについ間違いやすい表現でもありますので，10という数字に

惑わされて複数扱いにしないよう，注意しましょう。

では，このような場合はどうでしょうか。About 10% of books <u>are</u> missing from the library every year.「毎年，10％ほどの本が図書館から無くなる。」という文の場合，About 10% of books は複数扱いで，動詞は is ではなく are になっています。では，次の例文も動詞に注意して見てください。

Fifty percent of the rice crop <u>is</u> exported.「米の収穫の50パーセントは輸出される。」ここでは「50％」は「単数扱い」になっています。問題は〔～% of X〕が主語として用いられた場合，X が単数なら「単数扱い」，X が複数なら「複数扱い」となるのです。覚えておきましょう。

⓱ 子どもの入院　　　(pp.38〜39)

☑ 解答

1 エ，ク，サ，シ

2 エ

🔎 解説

1 アは第1パラグラフ第3文から判断できる。著者は第3文の前で，子どもは病院や病気，治療などの知識情報がなく，恐ろしいイメージが膨らんでいくと述べている。しかし，第3文で大人が事前に準備させてあげることで will be much better able to cope，つまり「はるかにうまく対処できる」とは keep negative images in mind と矛盾する。イは role-plays が expensive と言えるかが問題。著者は「お金がかかる」とは言っていない。したがって，誤りとなる。ウは最後の by staying at home が問題となる。著者は子どもの入院準備として家での活動を紹介しているが，家に留まることは説明していない。以上からウも間違いとなる。エは「入院ごっこ」についての問題で，これは第2パラグラフ第6文の the adult and child can reverse the roles と合致する。オも「入院ごっこ」についてだが，第2パラグラフ第2文で the child can pretend at home to be in the hospital とある部分と矛盾する。カは leaving her alone が問題。「入院ごっこ」ではいくつか活動が説明されているが，子どもを一人にしておくことは書かれていない。キは入院に際してのおもちゃの持ち込みが問題。第3パラグラフ第4文ではおもちゃを持ち込めると書かれている。クは第3パラグラフ第5, 6文から判断しよう。子どもが質問し，大人が率直に答えると書かれており，クと合致する。ケは図書館訪問が問題。著者は「時間が許せば図書館へ」と言っているが，ケの at the last minute「ぎりぎりになって」と矛盾する。コは第4パラグラフ第3文と矛盾する。サは第4パラグラフ第2文の view simple videos about hospitals と合致する。シは第1パラグラフ第3文，特に第5パラグラフ第2文から判断できる。また，第2パラグラフを要約すればシの文そのものである。以上からシは正解となる。

2 まず，下線部の she とは誰かが問題となる。4つの選択肢でアとウが the nurse とあるのは she が the nurse のことであると判断している。しかし，第2パラグラフの最後の文は When it is time for the child to enter the real hospital

とあり，ここから考えると she とは the child のことである。したがって，正解はイとエから選ぶ。イの問題点は the other patients in the room である。他の患者については説明されていない。この点からエが正解となる。

全訳 入院のことを考えると大人にはストレスであるが，子どもにとってはさらに悪いものである。子どもは病院，病気，治療についての知識がはるかに少ないから，目にするものに対して怖いイメージを抱き，想像がたくましくなる可能性がある。しかしながら，もし大人が事前準備の策を講じれば子どもはもっと上手に対処できるだろう。

ロールプレイは入院に備えるのに役立つ，面白くさえある方法である。第一に，子どもは家で入院ごっこができ，大人は看護師あるいは医者の振りができる。看護師として，大人は子どもの枕を整え，熱を測ることができる。それに，看護師役の大人は子どもに補助を頼むベルの鳴らし方やテレビのつけかたを教えることができる。仮想の看護師は昼食のトレイを準備して「病院ではこうやって昼食が出るのよ」と言える。それから大人と子どもは役割を交代し，子どもが看護師になり，大人が患者になることができるのである。子どもが本当に入院するときは，予測されることがいくらかわかるだろう。

準備段階でもう一つ重要なことは子どもとの話し合いである。慣れ親しんだ人がいない見知らぬ場所にまったく一人で放置されるのではないことを子どもに知らせることが特に大切である。むしろ家族ができるだけ病院にいるし，病院でもっと楽な気分になるのに役立つように自分自身のおもちゃや人形を持ち込むことができる。話し合いの一部として，子どもには質問をする機会を与えなければならない。大人はできるだけ正直に質問に答えなければならない。もし子どもが痛いかどうか知りたい場合には，大人は「そうだよ。少し痛いかもしれないけど，看護師さんやお医者様ができるだけやさしくしてくれるからね」と言って答えるべきである。それから治療の利点を説明できる。例えば，現在ほど痛まないだろうとか，あるいは，治療後はもっと遊べるようになるだろうと子どもに伝えることができる。大人は入院について話しながら子どもの気分が楽になるようにしなければならない。

時間が許せば，もっと明確な情報を求めて大人と子どもで図書館を訪れることがあるかもしれない。図書館では，子ども向けの本を読んだり，病院について簡単なビデオを見ることができる。体のどんな部分が治療されるのかを子どもに見せるのに大人が利用できるから，身体の内部を描いた本は役立つ可能性がある。子どもが理解できる方法で説明がなされることが重要だ。

子どもの心理的な状態は肉体的な状態と同様に十分配慮して当然である。ロールプレイ，話し合い，情報の利用はすべて，子どもが自分の身に何が起きようとしているのかを理解し，最悪の事態を子どもに想像させないようにするのに役立つのである。

長文を読むためのヒント ⑰
《英語の文章展開②》

「英語の重要性」でも英語の文章展開は説明しましたが，ここでは「序論」「本論」「結論」の段階を踏んで文章が展開される点に目を向けたいと思います。

日本語の文章では「起承転結」と言われますが，英語は「序論→本論→結論」と文章が進みます。特に，論説文と呼ばれる文章ではこの形式に添っていなければ，正しく書かれた文章とは言えません。皆さんは「序論→本論→結論」の文章展開をしっかりと学び，2つの場面で活用できます。1つは今回のような英文を読む場合であり，もう1つは英文を書く場合です。

では，今回の文章のどこが序論，本論，結論なのかわかりますか。「序論は当然最初のパラグラフ，結論は最後のパラグラフ，この2つの間が本論」と考えるのは間違いとは言えませんが，中身をよく確認する必要があります。特に，序論に最初の2つのパラグラフを用いる場合があるからです。

さて，今回は下記のように分類しましょう。同時に，各パラグラフの特徴に注目しながら見てみましょう。

序論 — 第1パラグラフ
　入院が子どもにとって大変と述べるが，However でこれから述べたいことを導入する。つまり，この部分で if adults take some steps to prepare them と言って，第2パラグラフ以降は some steps を取り上げ説明することを示している。論説文では some steps のように書いた場合，著者はそれを説明する必要がある。

本論 — 第2〜4パラグラフ
　第1パラグラフで some steps と説明したことを著者は具体例を挙げて説明する。
　第2パラグラフ第1文で some steps の第一段階として role-playing を説明する。
　第3パラグラフ第1文で some steps の第二段階として discussion を説明する。
　第4パラグラフ第1文で some steps の第三段階として visit a library を説明する。

結論 — 第5パラグラフ

第５パラグラフ第２文で role-play,
discussion, access to information の３つ,
つまり, 第２～４パラグラフが集約される
形で紹介され, それが同時に結論として機
能している。

　英語の論説文がすべてこのように展開されて
いるわけではありません。しかし, 今回の文章
は論説文の典型的な展開を見せてくれています。
だからこそこの文章を掲載しようと選択しまし
た。皆さんにとって英語の文章展開の優れた見
本として見てほしいからです。また, 皆さんが
英文を書く場合でもこのような素晴らしい実例
をまねることができればと考えた次第です。

⑱ 睡眠の重要性 　　　　（pp.40～41）

✓ 解答

1 エ

2 エ

3 ウ, キ

4 なるほど, ソーシャルネットワークの
中心部分で一番よく結びついている個人
が, ネットワークを通して広がる不幸の
波により多く影響を受けそうだが, 一番
よく結びついている個人は幸福の波にさ
らにより多く影響を受けそうである。

🗣 解説

1 アは result in と result from に惑わされな
いようにしよう。A result in B. ではAが原因,
Bが結果である。逆に, result from ではAB
の位置が反対になる。つまり, B result from
A. の形でAが原因, Bが結果となる。以上から,
アは「生産性が低いことが原因で睡眠不足とい
う結果になる」ということになるが, これは第
２パラグラフ第１文と矛盾する。イは第１パラ
グラフ第２文とかみ合わない。第１パラグラフ
では, 月曜日は生産力が低下しているが, 火曜
日あるいは水曜日までに回復していると説明さ
れている。ウは「睡眠不足を補うためにもっと
まじめに仕事をしようとする」とあるが, この
ようなことは書かれていない。エは第１パラグ
ラフ第５, ６文をまとめたもの。つまり, 月曜
日の生産性の低さは週末の娯楽からくる睡眠不
足となる。

2 アは第３パラグラフ第９文で「72時間眠らな
い場合は知能テストの得点が24.5％低下した」
の部分と矛盾する。イはアと同じように第３パ
ラグラフ第９, 10文を参照すると24.5％と14.9
％で明確な違いがある。以上からイは誤りとな
る。ウもアとイ同様に, 第３パラグラフ第９,
10文から判断しよう。have little effect on ～
で「～にほとんど影響を与えない」となるが,
数字が明確な違いを教えてくれる。エはこれま
でに述べてきた実験結果で出た違いを数字で説
明している。

3 アは第１パラグラフ第３文と矛盾する。イは
「睡眠不足はやる気のない人に与えるのと同じ
程度にやる気ある人に影響を与える」とある。
motivated people は第２パラグラフ第２文に
出てくるが, 本文ではやる気ある人とやる気な
い人の比較は行われていない。以上からイは誤

りとなる。**ウ**は知能テストの結果についての問題。ここでの suffer は「悪化する」の意味。不眠の場合の結果は1日5時間睡眠よりも悪化していたことと合致する。**エ**も実験結果の問題だが、「長期間寝ない場合は身体がうまく機能しない」ことが実験から得られた結果である。**エ**はこれと矛盾する。**オ**も実験についての問題だが、staying awake for three days とは subjects were kept awake continuously for 72 hours と同じこと。3日間不眠と5日間睡眠時間を少なくした場合の影響は数字で示されているが、the same effect ではない。したがって、**オ**は間違いとなる。**カ**は第4パラグラフ第4文と矛盾する。**キ**も第4パラグラフで述べられている実験から得られた結論と関係している。it is better to take a number of short naps や最後の文と合致する。

4 今回は譲歩の重要構文が課題となっている。本文の第2パラグラフ第2、3文は本来〔It is true that A does 〜, but B does…〕で「なるほどAは〜するが、Bは…する」のように譲歩を表す構文である。問題文でも It is true that 〜, but they… の形が見える。注意が必要なのは that 以下の主語と動詞を間違わないようにすることである。

全訳 睡眠はどれほど重要なのだろうか。多くの場合、工場での生産性は月曜日に低くなる傾向にある。火曜日あるいは水曜日までに労働者は「準備が整う」ようである。その週の生産性が最高になる。可能性の1つは金曜日、土曜日、日曜日の夜に長く疲れる娯楽に興じるからかもしれない。その結果生じる睡眠不足が月曜日の低い生産性という形で現れるのである。

様々な検査を通して、睡眠不足によって業績が悪くなることがわかっている。なるほど、やる気が非常に高い人は長時間起きていた後に驚くほどよく活動するが、それはエネルギーをかなり使い果たしてはじめてできることである。

人の睡眠不足には2通りある。長期間まったく寝ないでやっていくか、あるいは、幾夜か通常よりも睡眠時間がはるかに少ないかである。ある実験では、最初に、被験者は72時間連続で起きたままにされた。この危険な実験中は被験者には医療班がついていた。そうではあっても、最終的には数名が気を失った。この実験の別の場面では、同じ被験者が5夜、一晩の睡眠時間を約8時間から約5時間に減らした。この2つの場合、被験者は、睡眠がまったくない期間、あるいは睡眠が減らされた期間の前後に検査を受けた。72時間睡眠なし後の知能テストの得点は24.5%落ちた。しかしながら、毎晩の睡眠時間が5時間だけの5夜後に行わ

れた知能テストの得点は14.9%しか下がらなかった。じっとしていようとするときに、人が前後にどれだけゆれるかも計測された。72時間睡眠なしの後では、体のゆれを制御できないのが51.8%だった。毎晩睡眠が5時間だけの5夜の後では、体のゆれを制御できないのが6.1%だけだった。

人が必要とする睡眠量は年齢によって様々であるし、個人によっても異なる。しかし、通常の睡眠時間を確保することが絶対に不可能だとしたらどうだろうか。研究では、ある1回の期間に可能な時間すべてを使って眠るより、多くの短い仮眠をとるほうがよいことが示されている。別の研究では、午後の早い時間帯に仕事ぶりが悪くなることが示されている。業務実績を改善する1つの方法は目覚めている時間帯の中間あたりで仮眠をとることである。

💡 **長文を読むためのヒント ⑱**
《無生物主語と動詞》

無生物主語については「㉔ 空の旅と風邪」でも「訳し方」を扱いますが、ここでは無生物主語の文を作る動詞を中心に説明します。

無生物主語とは「人間や動物以外のものを主語にした」ということですが、では、どんな動詞が無生物主語と結びつくのか。まず本文から例を拾い出し、確認してみましょう。

Various tests <u>indicate</u> that loss of sleep is followed by poorer performance.

Studies have <u>shown</u> that it is better to take a number of short naps.

この2つの文では主語が tests「試験」と studies「研究」となっています。したがって、直訳すれば「試験(研究)が〜を示している」となりますが、「試験(研究)で〜が示されている」のように訳すのが一般的です。また、今回のような tests や studies、newspaper「新聞」、graph「グラフ」、meter「メーター」などが主語の場合、動詞は本文のような show、indicate だけではなく、tell、say なども用いられます。say を用いた例を見てみましょう。

The newspaper says that the President is to visit the island tomorrow.
　「大統領は明日その島を訪れる予定であると新聞に書いてある」

このような基本的な例文とその訳を覚えておくといいでしょう。

では、その他の例を確認してみましょう。

The accident <u>prevented</u> us from arriving there on time.
　「その事故のために私たちは時間通りにそ

こに着けなかった」

→ prevent A from doing ~ （keep, stop）

The failure in the test <u>caused</u> him to study hard.

「試験に失敗したので，彼はまじめに勉強することとなった」

→ cause A to do ~ （force）

Your help <u>enabled</u> me to finish the job.

「あなたが助けてくれたおかげで私は仕事を終わらせることができた」

→ enable A to do ~ （allow）

The typhoon <u>made</u> us cancel the travel.

「台風のために私たちは旅行をキャンセルした」

→ make A do ~

The photo <u>reminds</u> me of my school days.

「その写真を見ると私の学生時代を思い出す」

→ remind A of B

このように，無生物主語の文で用いられる動詞はさまざまです。無生物主語の文は英語らしい表現として好まれると言われています。したがって，皆さんがこれから読む長文でも多用される可能性があります。しっかり学んでください。

---

⑲良い上司？悪い上司？ （pp.42~43）

☑解答

1 (1)ウ　(2)ウ　(3)イ

2 (1) attending　(2) been
(3) learning　(4) solving

3 (1) Please show me what you have in your hand.
(2) I opened the door without making sure if I could come in.
(3) We had a wonderful time dancing all night.

4 彼女は実に優れたピアニストであるとはいえ，彼女がプロとして生計を立てていくことは極めて難しい。

🔍解説

1 (1)**ウ**「悪い上司にあたることはよくある」本文第1文目～第2文目の内容と合致。ア「労働者のほとんどの上司は悪い」イ「上司のほとんどは悪い部下を持っている」エ「悪い上司にあたることはまれである」

(2)「記事にある6つの話のうち，4つが上司の言葉に焦点を当てている」本文では，悪い上司の例を6つ挙げている。1つ目は「面接に連絡もなく遅れてくる」，2つ目は「ボディランゲージが下手なこと」，3つ目は「法に反する質問をしてくる」，4つ目は「分かりきった質問をしてくる」，5つ目は「会社の展望を明確に説明できない」，6つ目は「採用後，部下に目指してほしい目標を説明できない」ということである。このうち，上司の言葉に関するものは，3つ目～6つ目の話である。

(3)「筆者によると，面接される人がたずねる可能性のある質問には『この会社の使命と社風はどのようなものですか』が含まれる」。5番目の項目に，「会社の使命や社風を説明するのに苦労している上司はいませんか？」という記述がある。これに近いものはイ。ア「なぜこの面接に遅れてきたのですか」ウ「自分自身が持つべきゴールについて説明させていただいてよろしいですか」エ「この地位はあなたにとってどれほど優先順位が高いですか」

2 (1)avoid「～を避ける」の後ろには動名詞の形がくる。to不定詞は不可。「体調の悪いときは授業に出ることを避けるべきです」

(2)期間をたずねる現在完了形。「どれくらい日本にいますか」

(3)interested in ～ ingで「～することに興味

がある」。前置詞の後ろには動名詞がくる。「私はもう１つの外国語を学ぶことに興味はない」

(4) put effort into 〜ing で「〜することに注力する，努力する」という意味。「私たちは世界の飢餓を解決するためにもっと注力するべきだ」

③ (1) what you have で「あなたが持っているもの，あなたが何を持っているか」という意味。

(2) without 〜ing で「〜することなしに」という意味。「確かめる」は make sure。

(3) have a … time 〜ing で「〜して…な時間を過ごす」という意味。本文では have a difficult time 〜ing という表現が出ていた。

④ この和訳は，while の解釈がカギになる。従属節部分は「彼女は実に優れたピアニストである」という意味で，主節は「彼女がプロとして生計を立てていくことは極めて難しい」という意味である。つまり，従属節と主節は反対の意味の内容であることが分かる。そのため，このwhile は「〜とはいえ，〜であるが一方」といった譲歩の意味で訳す。

全訳 悪い上司というのは，職場ではよくあることである。実際，労働者の５人に１人は悪い上司を持ったことがあると言われている。働きがいのある上司を見つけるのは簡単なことではないが，面接の際に気づくことができる悪い上司の警告サインがいくつかある。

1. 面接に予告なしに遅刻してくる。上司があなたに連絡せずに面接に遅刻してきた場合，あなたの時間を大切にしていないと考えてよい。

2. ボディランゲージが下手である。その上司は常に時計を見ているだろうか？面接の間，あなたと目を合わせないようにしていなかっただろうか？このようなネガティブなボディランゲージは，その上司が就職の面接を行うことに興味がないという強いサインである。

3. 違法な質問をする。もし上司があなたの宗教，信用履歴，配偶者の有無などについて質問してきたら，その上司が倫理的な面接の訓練を受けていないことを示している。

4. 簡単な質問をする。優れた上司は，志願者が自分の専門知識を示せる質問を投げかける。しかし，もし上司が履歴書やカバーレターで答えを見つけられるような質問をするなら，それはあなたの経験を知るために努力していない証拠である。

5. 会社に対して明確なビジョンを持っていない。会社の使命や社風を説明するのに苦労している上司はいないだろうか？それは，自分の会社の中で何が起こっているのかわからないという証拠かもしれない。

6. あなたが組織にどのように適合するかを教えることができない。採用後の目標を上司にたずねても答えられない場合は，あなたが応募したポジションが彼らにとって優先事項ではないことを示している。

> 💡 **長文を読むためのヒント ⑲**

《while の働きに注意》

まず例文から見てみましょう。

I saw Hiroko <u>while</u> I was staying in Nagasaki.
この場合の while は「〜する間」の意味です。では次の例文はどうでしょうか。

I like singing, <u>while</u> Hiroko likes dancing.
この例文では while に「〜する間」の意味を当てはめようとしてもおかしいことが分かりますね。では，この場合はどんな意味でしょうか。正解は「だが一方」です。「私は歌うことが好きだが，一方浩子は踊ることが好きだ」となります。

これでわかってもらえたと思いますが，接続詞 while には「〜する間」という「時」の意味と，「だが一方」という「対照」や，「〜だけれども」という「譲歩」の意味もあるのです。

次の例文を見てみましょう。

I drink black coffee <u>while</u> David prefers it with cream.
この例文の while は「私はコーヒーはブラックが好きだが，一方デイビッドはミルクを入れて飲むのが好きだ」のように「対照」を意味するのに用いられています。また，次の例文では「譲歩」を意味します。

<u>While</u> I admit that there are problems, I don't agree that they can't be solved. 「問題があるのは認める<u>けれども</u>，解決できないということには同意しない」

while の用法に注意しましょう。

⓴ 会話と文化 (pp.44〜45)

☑ 解答

❶ (1) ① communities in which people choose not to talk

(2) イ

(3) 言葉と会話によってときに引き起こされる誤解や争いを避けることで，より高い段階の超俗性に到達することが可能である。

❷ (1) were, caused, by

(2) not, allowed, to

(3) were, seen, to

❸ (1) イ　(2) ウ　(3) イ　(4) エ　(5) ウ

❹ だから，ロンドン大学の医学部が行った研究によって，タクシー運転手の脳のいくつかの部分が他の人より大きいことが分かったのは驚くべきことではない。

☞ 解説

❶ (1) 文全体を見てみよう。There are で始まるから，次は主語になる複数形の名詞が求められる。従って There are communities となる。次に in which があることから考えると〔名詞（先行詞）＋in which＋S＋V 〜〕の語順である。また，内容から判断すると，直前が「政府によって自由に話すことを許されていない国や社会がある」だから，同じことを同じ構文で述べると考えると「人が話さないことを選ぶ社会がある」と考えられる。

(2) 代名詞 this は前の文で述べたこととこれから述べることのどちらかを指すことができる。下線部②の文に「彼らはこれをする」とあるが，「彼ら」とはアーミッシュである。「これをする」理由は下線部③にある。以上を総合すると，this の内容は直前の文に求められることが分かる。

(3) 構文は〔It＋be＋形容詞＋to do 〜〕の典型的な形をしている。avoid「避ける」，misunderstanding「誤解」，conflict「争い」。〜 that are sometimes... の that は関係代名詞で，先行詞は misunderstandings と conflicts。

❷ (1)「話をしていて彼らに誤解が生じた。」cause は「引き起こす」を意味する。A cause B は受動態にすれば B be caused by A となる。

(2)「子どもたちはここで遊ぶことを許されていない。」allow A to do 〜 で「Aが〜することを許す」。この受動態は A be allowed to do 〜 となる。

(3)「少年たちは若者がその家に入るのを見た。」知覚動詞の問題。see A do 〜 で「Aが〜するのを見る」の意味。受動態にすると A be seen to do 〜 となる。下線部の変化が入試ではよく出題される。注意！

❸ (1)「昨年と比較すると，統計ではこの地域の押し込みが15パーセント減少している。」日本語の「比較すると」だけを考えると Comparing を選びたくなる。しかし，「人間」が昨年と今年の統計を比較しているのである。Comparing を選べば statistics が比較していることになり，おかしなことになる。compare with 〜 はふつう否定文で用いられ，「〜に匹敵する」の意味。例を挙げておこう。His composition cannot compare with hers.「彼の作文は彼女の作文とは比べものにならない（くらいまったく劣っている）。」

(2)「効果的に使えば，1リットルのガソリンでこの車は少なくとも20キロは走るだろう。」これも(1)と同じことだ。文全体の主語は one liter of gasoline で，アかエを選ぶと「ガソリンが使う」ことになる。ガソリンは「使われる」のだから受け身の形が求められる。ただしイは不可。この文の書きかえを見よう。

If one liter of gasoline is used efficiently, it will 〜.

↓

Being used efficiently, one liter of gasoline will 〜.

↓

Used efficiently, one liter of gasoline will 〜. Having been used は完了形の分詞構文だから不可。

(3)「飛行機から見ると，それはおもちゃのように見える。」これも(2)と同じだ。When it is seen from the plane を分詞構文にすると(Being) Seen from 〜 となる。

(4)「勉強方法が分からないので，その生徒は指導者の部屋を訪れた。」ここは否定の分詞構文。元の文は As the student didn't know how to study, he visited 〜 となる。否定の分詞構文は Not か Never で始める。

(5)「1940年と1941年に繰り返し爆撃され，ロンドンという市は多くの有名な教会を失った。」ここも(1)〜(3)で説明したことを応用すれば Bombed になることは理解できるだろう。

❹ 構文に注意。〔It＋be＋形容詞＋that＋S＋V 〜〕で It は形式主語，that 以下が真主語である。that 以下の主語は a study で，動詞は has shown, 2番目の that 以下は show の目的語である。この部分を訳すときは無生物主語に注意しよう。a study shows that ～ だから「研究で～と分かる」などの訳し方が一般的である。

the medical department は「医学部」。

全訳 歴史上のさまざまな時代の異なる文化における会話を研究すると，そうした社会について多くのことを知ることができる。どこで，いつ，なぜ人が話し，何について話すのかなどである。例えば，政府のために人が自由に話すことを許されていない国や社会がある。人が話さないことを選ぶ社会がある。例えば，アメリカ合衆国のアーミッシュの社会には，言葉よりも合図や記号，動作などを使って，無言でお互いにコミュニケーションをとる人たちもいる。彼らは，ときに言語や会話によって引き起こされる誤解や衝突を避けることで，より高い超俗性のレベルに到達できると信じているから，こうするのである。

💡 長文を読むためのヒント ⑳
《文構造の見抜き方》

英語の文にはさまざまな文があります。例えば Go! だけでも文ですし，本文 1 ～ 3 行目や 9 ～12行目も文です。文は長くなればなるほど構造が複雑になりやすく，読む者を苦しめます。皆さんの中には「長い」というだけであきらめている人はいませんか。ここでは，長い英文に悩まされている人のための情報をお届けします。

さて，長い英文を読んで理解するにはどうすればよいでしょうか。それにはまず「動詞を発見する」ことから始めましょう。基本的に，英文には，例に挙げた Go! などを除いて「主語＋動詞」があります。5 文型を思い出してみるとよいでしょう。5 文型を書き出してみます。

第1文型　　　S＋V
第2文型　　　S＋V＋C
第3文型　　　S＋V＋O
第4文型　　　S＋V＋O＋O
第5文型　　　S＋V＋O＋C

ここから言えることは次の2点です。
①英文には必ず主語と動詞がある。
②主語は動詞の前にある。
これを判断材料にして，まず長い英文の動詞を探します。動詞には，よく -s, -es, -d, -ed などがついていますから発見しやすいのです。次に，主語は例外を除いて動詞の前にあるのが一般的ですから，動詞の直前までを主語として「ひとまとめ」に訳すのです。

本文 1 ～ 3 行目では can で動詞の位置が分かりやすくなっています。そして can tell を動詞とすると，Studying ～ moments までが主部を形成していますから，これをひとまとめに主語として訳すのです。

一方，本文 9 ～12行目の場合は2つの接続詞に注意します。1つは because で，because ～ は They do this「彼らはこれをする」の理由を述べています。because 以下は they believe that S V ～「～と信じている」となり，believe の次に2番目の接続詞 that があるべきですが，省略可能ですから実際には書かれていません。その省略されている that 以下には〔It＋be＋形容詞＋to ～ 〕の構文が続いています。

このように，ここでは because と that という2つの接続詞でつながれた複数の文が1つの長い文を構成しているのです。しかし，長い文でもいくつかの単位に分けることが可能です。その区切りを教えてくれるのが接続詞と考えればよいでしょう。従って，長い文が出てきたときは，接続詞の前で区切って小さな単位で理解しながら読み進めることにしてはどうでしょうか。特に，長い文にはお手上げだという人は挑戦してみてください。

㉑ 少人数学級 （pp.46〜47）

解答

1 (1)子どもの数が少なければ，採点するテストの数も少なくなり，授業妨害も少なくなるから。
(2)ウ

2 (1)learn (2)compare
(3)increase (4)write

3 (1)when it comes to
(2)a sense of
(3)forced, speak[talk]

4 睡眠は人間にとって非常に重要なものです。平均的な人は，一生のうち約22万時間を睡眠に費やし，これは一生の約3分の1にあたります。30年ほど前までは，睡眠についてあまり知られていませんでした。その後，医師や科学者が睡眠研究室で研究を始めました。睡眠時の人々を研究することで多くのことがわかってきましたが，まだわからないこともたくさんあります。

解説

1 (1)下線部の直後に理由が述べられている。
(2)「数学に関しては，全くメリットがないことがわかった」という文を入れるのに最も適当なのはウ。直前の文で，「少人数制は読解に関してはメリットがほとんどないとわかった」と述べられているため，直後にメリットのない数学（の授業）に関しての話が続くと自然である。
2 (1)「この授業で何を学びたいですか」learn「学ぶ」が入る。
(2)「私の両親はいつも私を姉(妹)と比べる」compare A with B「AとBを比較する」
(3)「高齢者人口は年々増え続けている」increase「増加する」
(4)「何か書くものを持っていますか？このワークシートに記入しなければならないのです」something to write with「何か書くもの」
3 (1)when it comes to 〜「〜のこととなると」
(2)a sense of 〜「〜の感覚」
(3)force A to do「Aに〜することを強要する」
4 第2文の関係代名詞 which の先行詞はカンマの前の「平均的な人は，一生のうち約22万時間を睡眠に費やす」という部分で，22万時間の補足説明をする働きをしている。one third of 〜は「〜の3分の1」という意味。

全訳 少人数制のクラスは，保護者にとても人気が

ある。1つの部屋にいる子どもの数が少ないということは，子どもたちへの配慮が行き届いているということを意味し得る。教師も少人数制を好む。子どもの数が少なければ，採点するテストの数も少なくなり，妨害も少なくなる。全米のコミュニティは，過去50年間に少人数制クラスに莫大な投資をしてきた。生徒と教師の比率は，1970年の22.3から1985年の17.9に減少し，2008年には15.3という低さになった。しかし，2008年の不況の後，地方の予算削減により，クラスの人数は再び増加し，連邦政府の最新データによると，2014年には16.1にまでに増えてきている。

　教育学の研究者の間では，少人数制の方が効果的であるという意見が一般的である。少人数制のメリットは，非公式な物差しのようなものになっている。私が関連性のない教育改革について書くと，私に相対的な影響があると思わせるために研究者たちはしばしばクラス規模の縮小効果と比較するのだ。

　しかし，この一般的な意見の一致は，いくつかの重要な意見の相違を覆い隠している。専門家たちは，少人数制のクラスが生徒の学習量を増加させるという考えを，研究結果は一貫して支持しているわけではないということを前から知っていた。2002年には，少人数制クラスのメリットに関しての議論が急に世間の論争にまで発展した。

　今回，2018年10月に発表された世界中のクラス規模についての研究のレビューでは，読解に関して少人数制のメリットはほとんどなかった。数学に関しては，まったくメリットがないことがわかった。研究者たちは，「クラス規模の縮小にはコストがかかる」と書き，少人数クラスと大規模クラスを比較しても，利用可能な証拠は効果がないか，非常に小さい効果しかないことを指摘している。「さらに，少人数クラスが一部の生徒にとっては逆効果になる可能性も否定できない。」

> **長文を読むためのヒント㉑**
> **《同格の that か関係代名詞の that か》**
> that は代名詞，関係代名詞，接続詞，副詞などとして用いられます。したがって，that を見て，その that が何の that なのかを判断するのが難しい場合があります。本文に出てきた文を見てみましょう。There's a general consensus among education researchers that smaller classes are more effective. この文の that はどんな役割をしているでしょうか。直前を見ると education researchers がありますから，これを先行詞とする関係代名詞でしょうか？しかし，that の後ろを見ると smaller

classes are more effective という完全な文に
なっていますよね。もしこの that が関係代名
詞だとしたら，that の後ろの部分に名詞の穴
がなければいけません。実はこの that は，
general consensus と同格の意味の that だった
のです。among education researchers（教育
学の研究者の間では）は general consensus を
修飾するために挿入されていたのですね。この
ように，同格の that が必ずしもその名詞の直
後に来るとは限らないのです。

　次に，この2つの例文を見てみましょう。

① A species of wild potato has become
　endangered because of reports that it
　is effective in the treatment of AIDS.

② There is a fear that as these companies
　produce drugs they will claim to have
　the rights to the medicine.

共通しているのは that の前後が〔名詞＋that＋
主語＋動詞 ～〕になっていることです。この語
順，構造からすると関係代名詞の that が考え
られるのですが，答えは「違います」です。で
は何の that か。正解は「接続詞。同格の that」
です。問題はこの2つをどのように見分けるか
です。例を挙げて確認しましょう。

③ I have read the report that he wrote
　last year.

④ I have read the report that he died
　last year.

さて，③と④では，どちらの that が同格の接
続詞 that でしょうか。正解は④です。③の that
は関係代名詞です。実は③には下記のような文
が含まれていることがわかりますか。

⑤ He wrote the report last year.

ここから「彼が去年書いた報告書」の the report
that he wrote last year が出てきます。しか
し，④では同じことは不可能です。試しに書い
てみましょう。

⑥ He died the report last year.

これは英文としては成立していません。この点
が同格の接続詞 that と関係代名詞 that の違い
です。

　「なぜくどくどとこのようなことを書いたの
か」と疑問を持つ人もいるでしょう。かつて指
導していた受験生が③と④の和訳を見比べて
「たいして変わらないじゃん」「どちらでも構わ
ないでしょう」と言ったのですが，果たしてそ
うでしょうか。物事には正確さが要求されるこ
とがあります。ましてや，入試問題ならば「ど
ちらでも構わないでしょう」は危険な考え方で

す。見分け方をしっかり身につけてください。

　最後に2点伝えておきます。1つは入試問題
です。学習院大学は2012年の入試で下記のよ
うな問題を出題しました。下線部 that と同じ
用法の that を探す問題です。

⑦ They mean that the probability that a
　woman in the Middle East or North
　Africa will go through the pain of
　watching one of her children die before
　its fifth birthday has fallen from 85%
　in 1960 to just about 10% today.

　ア I was amazed by the fact that he
　　was your brother-in-law.

　イ I was such a fool that I could not
　　see through her obvious lies.

　ウ That he talked about it to reporters
　　surprised me.

　エ There are lots of things that I need
　　to buy before the trip.

正解はアです。同格の that ですね。

　最後は同格の接続詞と結びつく名詞を紹介し
ておきます。同格の〔名詞＋that＋主語＋動詞
～〕で用いられる名詞には下記のようなものが
あります。代表的なものを覚えましょう。

agreement, assumption, belief, chance,
condition, decision, doubt, fact, hope,
idea, impression, knowledge, news,
plan, possibility, proof, proposal,
rumor, theory

📝 **解答**

❶ イ，ウ，エ

❷ 協調性は，社会的な種にとって最も重要な能力の１つである。狩猟から，繁殖，子育てに至るまで，人間を含む多くの動物が生き延びるために必要な能力である。動物がどのように協力しているのか，その詳細が明らかになるにつれ，研究者たちは，動物が協力するさまざまな方法や，こうした集団活動に必要な思考能力を解明しようとしている。

👥 **解説**

❶ イ「感情の研究がさらに進めば，テクノロジーを感情面で賢くすることが可能になるかもしれない」第１パラグラフ最終文と，第２パラグラフ全体の内容と合致。ウ「テクノロジー関連の企業は今，異なる感情を正確に認識できるソフトウェアを開発しようとしている」第３パラグラフ第６文の内容と合致。エ「浅川智恵子博士は，人の感情を読みとれる技術を利用したスマートフォンアプリを開発している」第４パラグラフ最終文の内容と合致。

❷ ダッシュ（—）とダッシュの間に including humans が入っているのは，直前の many animals に「人間も含め」という意味を付け足しているため。このように，ダッシュは文中に挿入され直前の語句の補足説明をすることがよくある。なお，cooperation は「協調性，協力」という意味。corporation「会社」とはスペルも似ているので気をつけよう。

全訳　コンピュータやロボットが普通の人間のように接することができる世界を，人々は長い間想像してきた。「Her／世界でひとつの彼女」や「Chappie／チャッピー」などのSF映画では，人間と同じように考えたり感じたりするコンピュータやロボットが登場する。今のところ，このようなシナリオは映画の中だけのものだが，私たちはテクノロジーを感情面で賢くすることに近づいているのかもしれない。

　そのための第一歩は，感情とは何かを理解することである。これは複雑な研究分野である。私たちが一般的に「悲しい」「うれしい」という言葉の意味は理解できても，科学者は感情を正確に定義することはできない。

　1950年代には，感情を研究する科学者はほとんどいなかった。しかし，アメリカの心理学者ポール・エクマンは，この分野に多くの可能性を見出していた。

　エクマンは顔の表情の分析を始め，5,000以上の筋肉の動きをリストアップした。これらの筋肉の動きが組み合わさって，私たちのさまざまな表情が形成されるのである。エクマンが発見したマイクロ・エクスプレッションは一瞬しか持続しない顔の表情であり，人が隠そうとしている感情を読みとることを可能にした。現在，エクマン博士の研究を利用して，人間の顔の表情を認識するソフトウェアを開発しているテクノロジー企業が多数ある。このソフトウェアは，何千もの顔を分析することで，さまざまな感情をより高い精度で認識できるようになる。

　感情を感知するテクノロジーの使用例をご紹介しよう。カーネギーメロン大学の研究者である浅川智恵子博士は，14歳のときから目が不自由だった。浅川博士は，障がい者の助けになるかもしれないスマートフォンアプリを開発している。このアプリは，スマートフォンのカメラと音声を使って，ユーザーが自分の周辺を行動する際に役立つ。また，近づいてくる人の顔や表情を認識することもできる。浅川博士は，このアプリが人々の気分を読みとれるようにする改良に取り組んでいる。

　感情を持つデバイスは魅力的に思えるかもしれないが，この技術には大きな課題もある。ポール・エクマンをはじめとする多くの人々が懸念しているのが，プライバシーの問題である。例えば，私たちが街を歩いていると，知らないうちに機器やスキャナーが私たちの顔の表情を記録してしまう可能性がある。そうなると，多くの人が私たちの気持ちを勝手に監視したり，見たりすることができるようになる。誰と気持ちを共有するかをコントロールできなくなってしまうかもしれない。しかし，これらの課題をうまく解決して，デバイスがもう少し人間らしくなれば，私たち全体にとって多くのメリットがあるかもしれない。

💡 **長文を読むためのヒント ㉒**

《句読点に注意》

　英語にはいくつかの句読点があります。日本語の句読点（、や 。）との違いは，「英語の句読点は何らかの意味を持つ可能性がある」ということでしょう。例文で確認しましょう。

　Fairy tales could do for small children, and indeed did for many years, what myth, ritual, and religion did for primitive peoples — give their fears a name and identity.「おとぎ話は幼い子どもたちに対して，神話や儀式や宗教が原始的な民族に対してしたこと，すなわち，恐怖に名前と個性を与えるということができるし，実際長い間していたのです。」

例文中に—（ダッシュ）がありますが，これは

what ～ peoples までの部分を「すなわち」の意味で言いかえているのです。

　本文ではどうでしょうか。第3パラグラフの第5文目を見てみましょう。His discovery of micro expressions — facial expressions that last only a fraction of a second — allows us to read the emotions that people try to hide. この文には，—と—の間に facial expressions that last only a fraction of a second「ほんの数秒の顔の表情」が入っています。このダッシュはどんな働きをしているのでしょうか。これは，micro expressions の直後に来ていることから，micro expressions とはどのようなものなのかを具体的に説明していることになります。実際，micro expressions という言葉を聞いても何のことかよくわかりませんが，そのあとにダッシュに挟まれた説明を読むと，「ああなるほど，micro expressions とはほんの数秒の表情のことなんだな」と理解できますよね。

㉓ 人類史上最高の発明　（pp.50～51）

☑ 解答

1　(1)ア T　イ F　ウ F　エ T　オ T
　(2)200年前でさえ，この資源交易の方法〔過程〕が，多分に飛行機のせいで，今日，どんなに進んでしまっているか，だれも予見できなかっただろう。

2　(1)invent
　(2)twentieth
　(3)bind
　(4)conquer

3　(1)way, making
　(2)not, until
　(3)less, than
　(4)bound, together

4　最近100年間で，自動車は私たちの日常生活の不可欠な一部として，徐々に，広く受け入れられるようになってきた。しかし，もし私たちが遠く離れた田舎に住んでいなければ，たぶん多くの人は車なしですませることができるだろう。自動車はどんな事情にせよ走らせるにはお金がかかる。それに，少なくとも都市部では，しばしば歩くほうが速くて健康的であり，あるいはバスを利用するほうが安い。

👤 解説

1　(1)ア「筆者は飛行機が最も偉大な発明品だと思っている。」本文1～2行目の My vote is for airplanes, から判断する。直訳すれば「私の票は飛行機に投じられる」となるが，最初の「過去2000年間の最も偉大な発明品は何か」という疑問に対する答えである。
　イ「私たちは空，大地，水〔海〕を同時に征服できた。」大地と水の征服は有史以前だが，空を征服したのは20世紀になってからである。
　ウ「私たちは19世紀になってから初めて飛ぶことができた。」本文4～5行目に注意。実際，ライト兄弟の飛行機が飛んだのは1903年である。
　エ「飛行機のおかげで見知らぬ多くのものが身近になった。」〔make＋A＋B（形容詞）〕で「AをBにする」の意味。Aは many unfamiliar things で「見知らぬ〔経験がない〕多くのもの」，Bは familiar である。
　オ「飛行機のおかげで私たちは多くの人と交流することができるようになった。」構文に注意する。make it possible for A to do ～ で「A

が「〜することを可能にする」の意味。it は形式目的語。

2 (1)は「名詞─動詞」の関係で，動詞を答える。

(2)は基数詞と序数詞の問題。twenty ─ twentieth。

(3)は動詞の原形と過去分詞。bind ─ bound ─ bound の活用に注意する。

(4)は動詞と名詞の関係。conquer ─ conquest。

3 (1)「〜する方法」は a way to do 〜 か a way of doing 〜 のどちらか。

(2)日本語から構文を読み取ろう。「〜して初めて…する」は do not...until 〜 か強調構文の〔It＋be＋not＋until 〜 ＋that＋S＋do...〕のどちらかで表す。

(3)「1時間で」なら in an hour だが，「1時間かけないで」は「1時間より少ない時間で」と考える。

(4) be bound together で「ひとつに結びつけられている」。

4 in the last hundred years で「最近100年間で」の意味。last には「最後の」だけでなく「この前の」などの意味もある。もともとは「現在にいちばん近い」の意味である。become accepted で「受け入れられるようになる」の意味。unless we live 〜 の部分は否定になることに注意。do without 〜 で「〜なしですませる」，in any case で「どんな事情にせよ」，at least で「少なくとも」。最後の文は〔It＋be＋形容詞＋to do 〜〕の構文。

全訳 過去2000年の中で最も偉大な発明品とは何だろうか。私の採決では，私たちの古い神話を現実のものとする発明品の飛行機だと思う。有史以前の人類は，船と車輪の発明で水と大地を克服する方法を発見した。空の征服は20世紀になってやっと始まった。

今では私たちは1日もかからないうちに，世界中のどこであれ他の人と会うことができる。こうして，外国のものや見知らぬものが身近になった。しかし私の考えでは，実際の人と人との交流が最も重要な発展である。

さらに，食物と他の資源の配分方法は，飛行機のおかげで地球的規模の変化を遂げたのだ。人類は現在，相互依存によって動く世界経済の中で結びつけられている。200年前でさえ，この資源交易の方法〔過程〕が，多分に飛行機のせいで，今日，どのくらい進んでしまっているか，だれも予見できなかっただろう。

長文を読むためのヒント㉓

《仮定法の発見》

本文13〜15行目の和訳問題は簡単でしたか？

「難しかった」という人は，could have foreseen を見ても「仮定法」と気づかず，うまく訳すことができなかったのでしょうか。あるいは仮定法と分かっても，条件を示す副詞節「If S V 〜」がないのはどうしたことかと不安になり，和訳が進まなかったのでしょうか。

問題は何に注意すれば仮定法と分かるかであり，副詞節「If S V 〜」がなくても仮定法の文は存在することを確認することです。例文を挙げましょう。

<u>But for your help</u>, I couldn't have finished the work.
＝If it had not been for your help, I couldn't have 〜.

<u>A man of sense</u> wouldn't do such a thing.
＝If he were a man of sense, he wouldn't do 〜.

この2例は下線部に仮定の意味がこめられており，If を用いて書きかえた文は先に示した通りです。

では，仮定法かどうかはどこで見分ければよいのでしょうか。問題は助動詞です。仮定法では通常，助動詞の過去形 could や would などが必ず登場します。先の例文では couldn't と wouldn't です。さらに詳しく言えば，couldn't have finished と wouldn't do のように〔would＋have＋過去分詞〕や〔would＋動詞の原形〕の形を見たら，仮定法を疑ってみることです。「高校以上の段階の英文で見られる助動詞の過去形は，仮定法と考えたほうがよい」とよく言われます。「〜したい」を意味する would like to 〜 の would も仮定法からきたものです。

本文13〜15行目に戻りましょう。この文では could have foreseen の部分から仮定法を疑ってみることです。では，条件を示す副詞節はどこにあるのでしょうか。先の例文のように，副詞節の意味が主語や副詞句などの中にこめられている場合がありますが，今回は文頭の Even two hundred years ago(副詞句)です。つまり単に「200年前」と考えるのではなく「200年前なら」「200年前としても」と考えましょう。

㉔ 空の旅と風邪　　(*pp.52〜53*)

☑ 解答

1 エ

2 (1) touching
(2) to win
(3) winning
(4) shaking

3 (1) One, in, three
(2) are, to, blame
(3) led, to, do
(4) little, difference

4 カリフォルニア大学バークレー校のある研究者が最近この国(アメリカ合衆国)の歩行習慣について調査をし, 国民の85パーセントがどうしても座りがちで, そのうちの35パーセントはまったく座りっぱなしでいる, という結論を出した。

🗣解説

1 本文中盤で「換気は風邪とはほとんど関係ない」と述べてあり, アは矛盾する。イは本文終盤の研究者の言葉から判断する。そこではmay be や maybe を用いて説明しているが, これは「風邪の原因は断定できない」ということである。従って, イの「明らかになった」とはいえない。ウは本文7〜8行目に注意しよう。They found that one in five passengers reported developing a cold within one week of flying. から考える。「乗客の5人に1人」と「風邪をひいた人の5人に1人」を同じとしないように。

2 (1)「制服には触れないようにしてください。」問題は, avoid が目的語として to 不定詞と動名詞のどちらをとるかである。avoid は動名詞を目的語とする。
(2)「彼らは競走に勝とうとしたが, 勝てなかった。彼らがかわいそうだ。」try は動名詞と to 不定詞のどちらも目的語にするが, to 不定詞か動名詞かで意味が異なる。注意しよう。例を挙げよう。

He tried to open the door.
「開けようとした」

He tried opening the door.
「試しに開けてみた」

以上から They tried winning 〜 では矛盾する。
(3)「彼らには競走に勝つ機会がいくつかあったが, 幸運の女神は彼らにはほほえまなかった。」問題は of である。これは前置詞で, 一般的に,

前置詞の後に動詞を置く場合は動名詞であって, of to do 〜 の形は通常はない。
(4)「メンバーは全員握手をした後でそれぞれ抱き合った。」after は前置詞。(3)の説明を参考にしよう。

3 (1)「〜人に1人」は one in 〜 の表現がある。
(2)「〜が悪い」や「責められるべきは〜」は 〜 be to blame で表すことができる。
(3)「Aに〜させる」の熟語はいくつかある。make A do 〜 や get A to do 〜, cause A to do 〜 もあるが, 本文では lead A to do 〜 が用いられている。なお, lead は lead — led — led と活用する。
(4)「〜に違いがある」なら There be some difference 〜 とするが,「ほとんどない」だから little difference とする。little は「ほとんどない」の意味。

4 make a study of 〜 で「〜を調査する」の意味。and は made と concluded をつなぐ。つまり「研究し, 結論を出した」となる。85 percent や 35 percent は単数にも複数にもなる。問題は 85 percent of 〜 の「〜」の部分が単数なら単数扱いになることである。ここは people とあるから複数扱いである。

全訳 飛行機で旅行すると風邪をひく可能性が著しく高くなります。アメリカ合衆国の科学者の研究によると, 乗客の5人に1人が飛行後体調を崩すことが分かりました。それに, 長距離輸送の空の旅をする人の場合には, この数字がさらに高くなる可能性があるのです。

科学者は, 多くの人といっしょに旅をすることを含め, 幅広いいろいろな要因が考えられるとしています。ジョン＝バームズ教授のチームは1000人の乗客を調査しました。チームは, 乗客の5人に1人が, 飛行機に乗ってから1週間以内に風邪にかかったことを報告していることに気づきました。男性よりも女性が多く風邪をひいたことを報告しました。科学者は, 初めは機内の換気の種類によって風邪をひく危険性が高まるのかどうか確認しようとしていました。しかしながら, 研究によって, 空気を再循環させる飛行機に乗った乗客と新鮮な空気を流す飛行機に乗った乗客の間には, ほとんど差がないことが分かったのです。そのため科学者たちは, 高い感染率には別に原因があると考えました。バームズ教授は次のように述べました。「おおぜいの人とすし詰め状態で飛行機に乗ること自体が主な原因であり, あるいは, たぶん旅行することが問題かもしれません。つまり, 時間帯(日付変更線)を越えて寝不足になるためにウイルス感染の率が高くなることが立証されたのです。私のいちばんのお薦めは握手

をした後に手を洗うことと，鼻に触れるのを避けることです」と。

長文を読むためのヒント ㉔
《無生物主語の訳し方》

　まず本文2〜3行目の文に注目してください。主語は A study「研究」，動詞は has found「発見した」ですから，全体は「研究は〜を発見した」のようになります。しかし，私は「研究によると〜が分かりました」と訳しています。

　ここでの問題は英文の形式で，主語が A study で「人間以外のもの」ですから，和訳には注意が必要です。実は，英語の世界では人間以外のもの，例えば今回の study や accident, snow, water, song, picture, fact, illness などが主語として用いられることがあり，このような主語を「無生物主語」といいます。英語では無生物主語が好まれ，無生物主語の文こそが英語らしい英語だといわれるのをよく耳にします。それだけ無生物主語が多く用いられる可能性があるということです。次の例文で訳し方の基本を確認しましょう。

　The accident prevented me from going to the museum.
直訳すれば「その事故は私が博物館に行くことを妨げた」となりますが，ここに次の訳し方を当てはめてみましょう。
①英語の主語を，和訳では原因や理由を表す副詞に
②英語の目的語を和訳では主語に
つまり，The accident を原因や理由を表す日本語にして「事故のために」と考えます。また me を和訳の主語にして「私は」とします。prevent A from doing 〜 は「Aが〜することを妨げる」つまり「Aは〜できない」とします。

　以上から，例文の訳は「その事故のために私は博物館に行くことができなかった」となります。

　さて，無生物主語の文では動詞が重要な役割を果たしています。そこで，無生物主語の代表的な例文を通して，どのような動詞が無生物主語の文で用いられるかを確認しましょう。

　This train will <u>take</u> you to Akasaka.
　　「この電車に乗れば赤坂に行けます。」
　A glass of beer <u>made</u> him drowsy.
　　「ビール1杯で彼は眠くなった。」
　The machine <u>enables</u> us to make cars easily. 「機械のおかげで車を簡単に作ることができる。」

　The picture <u>reminds</u> me of my high school days. 「その写真を見ると高校時代を思い出す。」

　The heavy snow <u>kept</u> them from going out. 「大雪のために彼らは外出できなかった。」

㉕ 海外からのお客様　(pp.54〜55)

☑ 解答

1 (1)客の食べ物の好みや制限条件が分かっているかどうか確かめること。
(客を案内して)訪問する場所についての基礎的な情報をすべて集めること。
日本で用いられる英語の用法では誤解を招く場合があることを知っておくこと。
(2)バスか電車に乗るたびごとに券を買うために列に並ぶ必要がない。
(3)ア, オ, キ

👤 解説

1 (1)この問題は，今回のようなエッセーや論説文では注意しなければならないところだ。重要な点は英文の書き方である。日本では「起承転結」といわれる。英語の文章作法の情報をここで確認してもらいたい(詳細は後の「長文を読むためのヒント」を参考にしよう)。注目すべきポイントは，第1は下線部①，第2は第2パラグラフの冒頭，第3は第3パラグラフの冒頭，第4は第4パラグラフの冒頭である。それぞれの語句を拾うと certain kinds of preparation — First — Another — Finally だが，これで「ある種の準備」が3つであることが分かる。それぞれのパラグラフに書かれていることを簡潔にまとめる。
(2)be free from doing 〜「〜から自由」→「〜する必要はない」と考える。in line は「一列に並んで」。every time は2語で1つの接続詞。every time S V 〜 で「〜するたびごとに」を意味する。
(3)アは not 〜 just because... で「…だからといって〜ではない」の構文。not necessarily は部分否定で「必ずしも〜とは限らない」の意味。4〜5行目に「案内は容易なことではない」とあり，この文章全体の内容と合致すると判断する。オは「案内する前に準備を」という筆者の経験からの言葉。第3，5のパラグラフから判断できる。キは筆者の「客の好奇心に驚き，いかに自国を知らないかを知った」という経験で，第3パラグラフの鎌倉を案内した部分を読んで判断する。

全訳 海外からお客様を迎えることはすばらしい経験です。もしそのお客様が，以前あなたが海外へ行ったときに親切にしてくれていたら，特に喜ばしいことです。当然，あなたはあなたの国を案内してまわって恩返ししたいと思うでしょう。しかし，海外からのお客様のために英語の話せる案内人になることは簡単なことではありません。それには特に食べ物，情報，言葉の点からある種の準備が必要です。

初めに，お客様の食べ物の好みや制限条件を分かっているか確認しなさい。例えば，お客である友人が菜食主義者だと言った場合，そばなら食べられると機械的に思いこまないことです。私の菜食主義者の友人はそばつゆが魚のだしを使ったものだと，そばを食べません。

次に覚えておくべき大事なことは，訪れる場所については基本的な情報をすべて集めることです。かつて鎌倉の鶴岡八幡宮で，アメリカ人の友人がいちょうの木の下でおおぜいの人がなぜ写真を撮っているのか尋ねました。私は説明しました。「あそこはある将軍が昔おいに殺された場所だよ。あのいちょうの木の下でね」と。この答えでは不十分で，次々と質問が飛び出してきました。「どの将軍？　おいの名前は？　何年のこと？　どうしていちょうの木の下なの？」と。私は困惑し，すぐに，歴史はからっきしだめなんだと告白しました。この経験から私はいくつか重要なことを学んだのです。あなたのお客様は好奇心おうせいで聞きたいことがいっぱいあるかもしれません。すべてがお客様には新鮮なのです。他方，あなたは自分の国のことについては多くのことを当然と思っています。

最後に，日本での英語の使われ方は誤解を招くことがある，ということです。私が大学にいたとき，外国人学生のグループを箱根に連れて行きました。私は，お金を節約するために「箱根フリーパス」を買うように言いました。これは特別料金で，その区域のさまざまな公共の交通機関に無制限で乗車できるものでした。友人たちは非常に混乱した様子で，「フリー」なのにどうしてお金を払うのかと尋ねました。鉄道会社は，バスか電車を利用するたびごとに券を買うために列に並ぶ必要はありません，という意味で，この券を「フリーパス」と呼んでいました。「フリー」とは友人たちにしてみれば「無料」ということでしかありませんでした。だから，非常に困惑したのです。

パック旅行は海外からのお客様が日本を旅するには非常に安く便利です。しかし，もしあなたが個人的にお客様を案内するのであれば，お客様はあなたの視点から日本についての知識を得ることになります。そうして，お客様の文化的経験がさらに増すことになるのです。

💡 長文を読むためのヒント ㉕

《discourse marker について》

next, too, by the way, in short などは discourse marker といわれ，これらの語句によって，話題がどのように展開されているのかを

知ることができます。特に，大学入試で出題される長文を読むとき，この discourse marker の機能と意味を知っていると読解に役立ちます。また，読み方もかわるでしょう。

なぜ，このようなことを書くのでしょうか。今回の本文では discourse marker が設問と大きくかかわっているからです。設問の(1)で「3点挙げているが」と書きました。なぜ「3点」と分かるのでしょうか。下線部①は certain kinds of preparation「ある種の準備」としか書いてありません。複数ではあっても「3点」とは書いてありません。

ここで次の3か所に目を向けてみましょう。8行目の第2パラグラフ，13行目の第3パラグラフ，26行目の第4パラグラフそれぞれの出だしです。First，Another，そして Finally という3つの単語がありますね。実は，この3語こそ discourse marker なのです。つまり，話題の展開を示す語なのです。特に，Finally「最後に」によって certain kinds of preparation の説明は「最後」だと示されているのです。そうすると，First で「第1の準備」が説明され，Another「次の」で「第2の準備」が説明されていると考えることができます。そして，Another の次が Finally ですから，この語が「第3の準備」を説明する部分を示していることになります。以上から，設問にあるように「3点挙げている」ことになるのです。

このような discourse marker は小説よりは論説文やエッセーで多く用いられる記号といえます。さらにいえば，discourse marker を正確に用いて書かれた文章でなければ「不備な文章」と判断され，英作文の指導者からは受け付けてもらえないでしょう。従って，discourse marker は英文を読むだけではなく，英文を書く場合にも重要な意味を持つのです。日本語で小論文を書いたり，国語表現の授業で指導されることとも似ていませんか？

大切なことは，discourse marker として知っておかなければならないものとその機能です。今回の first や another，finally はものごとの順序を紹介するものですが，このほかにはどのようなものがあるのでしょうか。いくつか紹介しましょう。
追加を示す語句：also「その上」，as well「なおその上」，moreover「さらに」，furthermore「その上」
類似を示す語句：equally「同様に」，like ～「～と同じように」

言いかえを示す語句：in other words「言いかえれば」，in short「要約すると」

これ以外にもまだまだたくさんあります。今後はこのような語句にも注意しながら長文を読むようにしましょう。